Library of
Davidson College

Library of
Davidson College

Il primo Pasolini e la sua Narrativa

# Studies in the Humanities
# Literature — Politics — Society

Guy Mermier, General Editor

Vol. 9

PETER LANG
New York · Bern · Frankfurt am Main · Paris

Antonio Vitti

# Il primo Pasolini

## e la sua Narrativa

PETER LANG
New York · Bern · Frankfurt am Main · Paris

**Library of Congress Cataloging-in-Publication Data**

**Vitti, Antonio.**
  Il primo Pasolini e la sua narrativa.

  (Studies in the humanities ; vol. 9)
  Bibliography: p.
  1. Pasolini, Pier Paolo, 1922–1975—Criticism and interpretation.  2. Realism in literature.
  I. Title.  II. Series: Studies in the humanities (New York, N.Y.) ; vol. 9.
  PQ4835.A48Z94  1987       858'.91409       86-27477
  ISBN 0-8204-0509-4
  ISSN 0742-6712


CIP-Kurztitelaufnahme der Deutschen Bibliothek

**Vitti, Antonio:**
Il primo Pasolini e la sua narrativa / Antonio Vitti. – New York; Bern; Frankfurt am Main; Paris: Lang, 1987.
  (Studies in the Humanities; Vol. 9)
  ISBN 0-8204-0509-4

NE: GT

© Peter Lang Publishing, Inc., New York 1987

All rights reserved.
Reprint or reproduction, even partially, in all forms such as microfilm, xerography, microfiche, microcard, offset strictly prohibited.

Printed by Weihert-Druck GmbH, Darmstadt, West Germany

# INDICE

Prefazione .................................................................... vii

CAPITOLO

    I. IL NEOREALISMO E LA REAZIONE LETTERARIA DEGLI ANNI '50 ...................................................... 1

    II. LA LINGUA ITALIANA, IL ROMANESCO E LE BORGATE DI ROMA ............................................. 25

    III. *RAGAZZI DI VITA*: UNA OPERAZIONE DI "MIMESIS" LINGUISTICA VISSUTA ................... 39

    IV. *UNA VITA VIOLENTA*: ROMANZO PROGRAMMATICO E MIMETICO ........................................ 63

    V. *IL SOGNO DI UNA COSA*: IMPEGNO SOCIALE ED ELEGIA PER IL FRIULI PERDUTO ................... 95

    VI. PASOLINI COME INTELLETTUALE E UOMO ... 119

NOTE ........................................................................... 135

BIBLIOGRAFIA ........................................................ 141

Toute grande oeuvre, de quelque façon, aveugle ses contemporains: son évidence est telle qu'on ne voit plus qu'elle, pour l'adorer ou la haïr. Ce faisant, et avec les meilleures ou les pires intentions, on lui refuse le droit d'habiter notre présent, parce qu'elle le rapetisse et nous avec lui: il est difficile de cohabiter avec des géants, et leur mort est toujours un soulagement.

Celle de Pier Paolo Pasolini a été le révélateur bouleversant de bien des lâchetés et de bien des haines—aussi est-il grand temps que des travaux comme celui d'Antonio Vitti se fassent jour. A la fois érudit et passionné, ouvert mais sans complaisance, critique et mesuré, son essai permet, en relisant trois grands romans, de comprendre la cohérence de la pensée de Pasolini, la logique de son itinéraire et l'exigente rigueur de sa recherche d'écrivain. Nous allons désormais pouvoir approcher la complexité de cette oeuvre et la comprendre par rapport à la complexité de son temps. Rarement l'on aura vu en effet un intellectuel refuser comme Pasolini l'aura fait la séparation de la vie publique et de la vie privée—séparation qui a permis chez tant d'autres toutes les mascarades et toutes les trahisons.

L'étude de ses romans par A. Vitti nous montre l'extraordinaire continuité de préoccupations nées d'abord d'une certaine manière de vivre et de comprendre le drame linguistique, social et politique de l'Italie moderne, non pas simplement dans sa dimension abstraite, idéologique, mais bien surtout dans ce que ce drame a tout à la fois suscité et détruit chez ceux qui l'ont vécu. En ce sens, rien de plus étranger que l'oeuvre de Pasolini à ce que l'on mis sous le nom de "Néo-réalisme", étiquette qui aura tout permis sans changer grand-chose.

Pasolini, lui, aura voulu ne rien laisser dans l'ombre, et tout comprendre, tout lier, sans égard aux dévôts de droite ou de gauche. Voilà peut-être ce que l'on pourra retenir à l'avenir d'une recherche et d'un art d'abord si mal compris; inévitablement, sa vraie force réside dans sa morale, et l'on comprendra alors qu'il n'y a pas de grande oeuvre quand celui qui écrit, qui peint ou qui filme n'est pas animé d'abord par la plus grande exigence, celle qui lui vient d'une éthique que lui-même aura formée.

Michel Pierssens

# CAPITOLO I

## IL NEOREALISMO E LA REAZIONE LETTERARIA DEGLI ANNI '50

Gli anni (1945-1955) che precedettero il debutto di Pier Paolo Pasolini sulla scena letteraria italiana come romanziere (1955) sono stati generalmente chiamati: Neorealismo. Sembra opportuno trattare questo fenomeno culturale per capire e cogliere le linee generali che influenzarono Pasolini nella concezione dell'arte come polemica sociale, documento e specchio della vita d'ogni giorno.

Quando si parla di Neorealismo in questa introduzione ci si riferisce a quel movimento di idee rinnovatrici che improntò le piú vive manifestazioni culturali ed artistiche dell'immediato dopoguerra. Vengono, quindi, esclusi gli anni tra le due guerre e i cosí detti "Anni Trenta", perché la "quarta generazione" o la generazione di mezzo, come spesso vengono chiamati gli artisti che si formarono culturalmente prima della guerra, dovettero saggiare la propria lezione culturale con una drammatica serie di eventi: la guerra e la Resistenza che influenzarono e transformarono la propria esistenza. Pier Paolo Pasolini viene incluso in questa generazione non per puro dato anagrafico, ma in senso storico, perché partecipò attivamente alla ricerca di nuove forme letterarie ed artistiche durante la reazione degli anni '50 a quello che era stato il Neorealismo.

Prima di passare ad una definizione generale del Neorealismo, bisogna trattare degli aspetti che causano delle difficoltà critiche nell'analizzarlo e difinirlo come fenomeno culturale. Quando si parla di Neorealismo, si suol parlare di Pavese, Vittorini, Moravia, Pratolini come precursori e maestri ("Realisti degli anni Trenta") perché avevano reagito all'ottimismo superficiale del Regime e si sforzavano di rinnovare l'uomo nel suo intimo, oltre a cercare un rinnovo strutturale ed espressivo dell'arte. Questa linea di continuità storica fra la anteguerra e il dopoguerra crea degli equivoci che devono essere trattati, sebbene siano molto difficili da risolvere. Lo studio che seguirà tratterà proprio di questi equivoci che devono essere portati a superficie per capire il Neorealismo e la reazione che provocò negli anni '50. Voglio ricordare le parole di Petronio che parlando dei precursori del Neorealismo scrisse in riguardo al rinnovamento da loro portato alla letteratura italiana:

> Ma volontà e impegno non bastano a esorcizzare la natura profonda, e la loro storia—biografica e letteraria—è lí a dimostrare come la loro adesione al neorealismo fosse—dovesse essere—equivoca, dove, sia chiaro, la parola è solo denotativa e non implica alcun giudizio di natura morale o letteraria: il fallimento del tentativo piú esplicito di Pavese (Il compagno), e poi un suicido che era lo sblocco di una vicenda non solo biografica; la fine di Vittorini come scrittore, e il tormento—cosí nobile, ma cosí significativo—della sua attività di saggista, di educatore o organizzatore culturale; il facile scivolamento di Moravia a uno sperimentalismo orecchiabile; il passaggio di Pratolini dal "realismo lirico" delle sue opere maggiori a opere come *Lo scialo*, con quel riecheggiamento in ritardo di motivi e di moduli di un decadentismo trito, di scuola. E i giovani non sono stati da meno, e la loro storia ulteriore—dei Calvino, dei Rea, di tanti altri minori—sta a testimoniare,...della superficialità equivoca del loro neorealismo, o meglio, a essere piú propri, della complessità e inorganicità della loro natura, di scrittori e di uomini.[1]

Per capire meglio se veramente il Neorealismo sia un fenomeno sorto durante il fascismo cioè come reazione al Regime e portato avanti dal desiderio di riscoprire la realtà del tempo, negata dalla propaganda, bisogna dire qualcosa sul rapporto fra gli intelletuali e il fascismo. Con la presa del potere dopo la Marcia su Roma a poco a poco con l'aumentare del potere, il fascismo inizia la soppressione delle forze nemiche e l'organizzazione dello stato e della cultura stessa. I critici italiani per molto tempo hanno negato una ideologia al fascismo eppure la filosofia del nuovo stato era quella tracciata da Gentile, che ispirava all'organizzazione dello stato corporativo. Questa organizzazione represse e emarginò le minoranze e i loro problemi, introducendo forzatamente in uno stato unito e compatto anche zone perifiche e diverse alle quali si doveva dare un attento studio per risolvere i propri problemi. Per esempio, il problema del Mezzogiorno, quelli del proletariato e dei contadini non furono né studiati né risolti, soltanto messi da parte dalla storica fascista, che li considerava in una visione organica. A livello ideologico gli intellettuali non reagirono a questa forzatura, la traditione verista con le sue denunce, sebbene involontarie non fu continuata. Non c'era una vera e propria coscienza ideologica antifascista nemmeno nella corrente che spesso è citata come precursore del Neorealismo. Un esempio tipico può essere il romanzo di Bilenchi (1932), *Il capofabbrica*: la censura forzò lo scrittore a cambiare la fine, sebbene il Bilenchi fosse un fascista iscritto al partito e non facesse propaganda antifascista. Lo stato fascista che organizzò la cultura e l'intellettuali non aveva piú un rapporto diretto con la massa, ma con gli instituti di cultura. L'intellettuale doveva essere tolto dall'isolamento di classe e entrare a far parte dell'organizzazione di cultura fascista. Nasce l'Istituto fascista di cultura in ogni città italiana, nasce l'Accademia d'Italia, la Fiera del libro, il Carro di Tespi e i Littoriali della cultura per i giovani universitari. Abbiamo anche il Ministero della cultura popolare e poi l'Istituto nazionale propaganda e il Poligrafico di Stato; vengono organizzati e controllati i settori della radio, del cinema, del giornalismo; nascono i primi rotocalchi che servono per organizzare il consenso di massa. La riforma della scuola viene promossa da Gentile, e strutturata secondo un sistema classista, sebbene lo Stato lo neghi. L'alta cultura viene destinata ad una piccola minoranza, che corrisponde al ceto dirigente, alle altre classi le mete sociali erano precostituite, gli studenti venivano incanalati nei corrispondenti livelli educativi di rango inferiore. Le statistiche offrono un quadro preciso di quello che accade culturalmente sotto il fascismo; il numero dei figli dei lavoratori che hanno accesso all'università passa dal 1922 al 1932 dal 5 al 3 per cento. La classe dominante continua ad apprendere una cultura umanistica con la quale può mantenere lo *status symbol*. Il fascismo cercò di incorporare all'interno dell'organizzazione tutti gli intellettuali, ma è anche vero che non ci riuscì, soprattutto con gli intellettuali che si erano formati prima del suo evento, basti pensare a Croce, Montale e Borgese. Non si può sottovalutare l'importanza che ebbe su scrittori giovani come Bilenchi, Pratolini e Vittorini che si erano formati nei GUF del fascismo di sinistra. Il fascismo di sinistra cercava la scoperta dell'uomo nuovo che doveva essere capace di integrare nello stato tutte le sue attività umane, cioè capace di subordinare la propria vita a quella politica. Il lavoro culturale ed intellettuale era considerato uguale a quello manuale, l'intellettuale doveva essere guida del popolo, portavoce dello Stato. Lo stato fascista doveva fare i conti con gli intellettuali che si sentivano letterati—letterati cioè che si rifiutavano di assumere funzioni ideologiche e rifiutavano l'inquadramento corporativo nella produzione statale. Nel famoso saggio, *Letteratura come vita*, Carlo Bo dirà che la letteratura è una condizione, non una professione. A questi letterati—letterati fanno solo parzialmente contrapposizione i letterati del fascismo di sinistra, tipo Vittorini, Pratolini e Bilenchi, perché anche per loro l'arte deve avere uno spazio autonomo dalla politica, che il fascismo non poteva concedere. Vittorini accetta il ruolo ideologico della letteratura, ma lo fa coincidere con la missione eterna della cultura, che deve aiutare a far sparire i mali dell'umanità, considerati sempre eterni ed universali.

Quando Moravia pubblica *Gli Indifferenti*, non vuole fare una critica ideologica al fascismo, lui stesso confessa:

> A questo punto qualcuno vorrà sapere di critica antiborghese che molti attribuiscono al romanzo. Rispondo che non ne parlo perché non c'erano. Se per critica antiborghese si intende un chiaro concetto classista, niente era più lontano dal mio animo in quel tempo. Essendo nato e facendo parte di una società borghese ed essendo allora borghese io stesso (almeno per quanto riguardava il modo di vivere).[2]

Quando Vittorini pubblica *Conversazione in Sicilia* o *Il Garfono Rosso*, non fa una critica antifascista in senso storico-sociologico, ma dice allusivamente:

> In ero, quell'inverno, in preda ad astratti furori. Non dirò quali, non di questo mi son messo a raccontare. Ma bisogna dica che

erano astratti, non eroici, non vivi; furori, in qualche modo, per il genere umano perduto.[3]

e conclude il romanzo con una specie di epilogo, dicendo:

> Ad evitare equivoci o fraintendimenti avverto che come il protagonista di questa Conversazione non è autobiografico, così la Sicilia che lo inquadra e accompagna è solo per avventura Sicilia; solo perché il nome Sicilia mi suona meglio del nome Persia o Venezuela. Del resto immagino che tutti i manoscritti vengono trovati in una bottiglia.[4]

Lo stesso Bernari quando pubblica *Tre operai*, nel 1934, non fa una critica ideologica al fascismo. Solo in *Fontamara* di Ignazio Silone (1933), pubblicato all'estero, abbiamo una critica politica e antifascista, ma non conta perché conosciuto troppo tardi in Italia. Stilisticamente è corretto parlare di Neorealismo incominciando da Vittorini e Pavese durante il periodo fascista, ma ideologicamente no, perché bisogna tenere presente il contesto extraletterario per parlare della letteratura successiva al '45, quando perdurava in tutti la guerra e la Resistenza, che avevano forzato l'intellettuale a riconsiderare la propria posizione di classe in senso esistenziale e ideologico.

Un altro aspetto molto importante per gli intellettuali del dopoguerra è la scoperta e la pubblicazione dei *Quaderni del carcere* di Gramsci, usciti nel 1948, nei quali Antonio Gramsci cerca una risposta al nodo del legame fra cultura e intellettuali. Il fascismo aveva cercato di integrare gli intellettuali nel corporativismo di Stato per creare il nuovo intellettuale integrato. Gramsci, seguendo il pensiero marxista-leninista, vuole inserire il sovversivismo degli intellettuali all'interno della lotta di classe, a fianco del proletariato. Per questa ragione bisogna distruggere lo spirito di classe degli intellettuali, che si credono al di sopra delle masse, e far capire loro che nel mondo capitalista l'intellettuale non è piú autonomo, ma legato alla produzione come il lavoro manuale. Secondo Gramsci il nuovo tipo di intellettuale deve scegliere, o servire il padrone capitalista o unirsi al proletariato, che sarà la nuova classe emergente. Ogni momento storico crea un nuovo tipo d'intellettuale che nasce dalla relazione con il lavoro capitalista del mondo moderno:

> Ogni gruppo sociale si crea i propri intellettuali organici a partire dal posto che esso ha nella produzione; ad esempio, dall'esperienza dei consigli operai torinesi e dalla realtà di lavoro e di classe che essi presupponevano è nato il gruppo dell'"Ordine Nuovo". Esso ha fondato la propria novità non solo su una scelta teorico-politica, ma a livello sociale, nei rapporti di classe, legandosi a un "nuovo gruppo sociale che rappresenta organicamente la nuova situazione storica." Insomma i giovani di "Ordine Nuovo" erano portatori di "una nuova e integrale concezione del mondo", ma questa non era solo il risultato di un'acquisizione teorica astratta, bensì nasceva anche dallo sforzo di adeguarsi "allo sviluppo delle forme reali di vita" legate al mondo della produzione e alle esperienze che ne derivano per la classe operaia (è infatti "fondamento" di quella nuova concezione del mondo era "un'attività pratica generale" connessa al lavoro industriale). Qui, come si può vedere, nascita di un "nuovo" ceto intellettuale organico al proletariato, battaglia culturale per il trionfo di una nuova visione del mondo, rapporto con la realtà della produzione sono concetti strettamente collegati fra loro. La possibilità di creare intellettuali "organici" non dipende solo dalla persuasione ideologica esercitata dal partito rivoluzionario, ma dall'intreccio di una serie di elementi oggettivi, in relazione alla materialità della lotta di classe e dell'organizzazione capitalistica del lavoro.[5]

Secondo Gramsci il mondo moderno, con la nuova organizzazione del lavoro ha gettato le basi materiali che rendono possibile un collettivo salto di classe per un intero ceto sociale. Il nuovo intellettuale non deve sentirsi traditore a livello individuale perché abbandona la propria classe di provenienza, le borghesia, ma è un intero e progressivo mutamento di una classe intera. Che cosa dovrà fare durante questa fase il nuovo intellettuale? Secondo Gramsci egli avrà un ruolo importantissimo perché a livello culturale dovrà combattere l'egemonia della borghesia nella lotta con il proletariato. Il nuovo letterato dovrà andare verso il popolo e farsi promotore della letteratura nazionale popolare, cioè arte impegnata per una nuova cultura. Questa teoria ebbe molta influenza sul Neorealismo postbellico contribuendo però a rafforzarne le tendenze provinciali e locali e molto spesso è stata criticata dalla reazione degli anni '50, non solo dai critici di destra, ma anche di sinistra come Asor Rosa, in *Scrittori e popolo*. A parte il valore teorico, la scoperta di Gramsci aprì in Italia un dibattito che condizionò e contrinse molti scrittori italiani a fare delle scelte e portò ai nodi aspetti fondamentali della cultura italiana, come la questione della lingua e il ruolo storico dell'intellettuale da Dante fino ai nostri giorni. Se consideriamo questi aspetti diventa difficile parlare di Neorealismo in generale, a causa dei problemi che esso crea come continuità fra gli anni Trenta e il dopoguerra. Nelle pagini che seguono il Neorealismo sarà trattato come fenomeno generale senza prendere in considerazione i singoli meriti, e si cercherà di darne una definizione, ovviamente questa non viene data con l'intento di portare a termine la ricerca sul Neorealismo ma soprattutto per mettere in risalto gli aspetti piú significativi della corrente letteraria che precedette Pasolini e diede vita alla sua concezione artistica come continuazione critica di un fenomeno che egli accettava positivamente in certi aspetti. Pasolini accettava dal Neorealismo postbellico la spinta verso il basso, realmente democratica e popolare che aveva portato, dal punto di vista linguistico, una frattura con il classicismo piccolo borghese del fascismo. Questa nuova spinta culturale aveva portato la scoperta dell'Italia reale e periferica, popolare e dialettale. Egli accettava anche la spinta politica della letteratura del tempo e l'interpretazione nazional-popolare della teoria di Antonio Gramsci. Per Pasolini il Neorealismo era stato un fenomeno che aveva tentato l'italianizzazione completa dell'Italia attraverso l'allargamento democratico in senso politico, ma anche culturale, perché aveva scoperto le diverse lingue e culture della penisola.

Il Neorealismo non fu una scuola, ma un fenomeno culturale sentito dagli artisti e scrittori del tempo, che cercavano di riscoprire se stessi e superare il recente trauma che aveva colpito il paese: il fascismo e la guerra. Il letterato si trovò in una nuova posizione storica e sentì il bisogno di rinnovarsi, di uscire dallo stato di alienazione in cui si trovava. Tutti vivevano in questa nuova esperienza storica che portò con se una nuova coscienza, un nuovo modo di rappresentare la realtà storica vissuta dall'artista. Il rapporto con la realtà era diventato sempre piú problematico, la posizione esistenziale di ogni individuo sempre piú precaria ed incerta. Questa nuova realtà diede vita ad un vasto movimento di idee, nate da esperienze diverse e da personalità diverse, che vivevano sempre nello stesso ambito storico-culturale. Quasi tutti gli scrittori erano sorretti da un forte sentimento umanistico, nel senso che al fondo del proprio lavoro c'era l'attaccamento all'uomo, e ai valori umanistici che molte volte non mancavano di diventare mere premesse umanitarie.

Il Neorealismo come movimento culturale portava con se una esplicita instanza politica, come forza di rottura con il fascismo e con la letteratura consolatoria dei dolori umani. L'ideale politico che sorresse il movimento servì come opposizione al fascismo, senza avere una vera e propria ideologia di scuola o manifesto politico. Il Neorealismo era formato da un isieme di idee idealiste, e da una avversione istintiva contro la borghesia italiana che aveva sorretto e portato il fascismo al potere. Le idee stesse erano poco chiare, portate avanti piú dall'entusiasmo e dalla frustrazione che da un preciso programma di rinnovamento. Molti scrittori erano borghesi loro stessi, che si ribellavano alla retorica meschina e vuota del fascismo o si facevano portatori di un marxismo senza la massima classista di Marx stesso. Tutto questo movimento di idee arrivò al suo culmine con la guerra e ad una scelta di posizione ideologica con la Resistenza. La guerra forzò il letterato a prendere una posizione, a fare una scelta cosciente. Adesso per la critica è facile prendere l'esempio di Giaime Pintor, come lezione dell'impegno del nuovo letterato. In una lettera-testamento datata da Napoli il 28 novembre 1943, tre giorni prima di cadere su una mina tedesca a Castelnuovo Volturno nel tentativo di raggiungere le formazioni partigiane in via di organizzazione al nord, rovesciando la posizione degli intellettuali italiani del secolo XX, aveva scritto,

> Senza la guerra io sarei rimasto un intellettuale con interessi prevalentemente letterari...Soltanto la guerra ha risolto la situazione...A un certo momento gli intellettuali devono essere capaci di trasferire la loro esperienza sul terreno dell'unità comune, ciascuno deve sapere prendere il suo posto in una organizzazione di combattimento...Musicisti e scrittori, dobbiamo rinunciare ai

nostri privilegi per contribuire alla liberazione di tutti.⁶

La posizione e la scelta di Pintor sono solo gli esempi piú conosciuti e piú classici di una tendenza che vivevano tutti. La solitudine, l'autosufficienza del letterato che viveva per sé e la sua arte, veniva gettato in un mondo in caos. Forzato di stabilire un rapporto con gli altri, conquistò un nuovo legame con il mondo esterno, con una nuova realtà che dettava una nuova lezione. La civiltà borghese era esplosa, il letterato aveva perso il suo posto di privilegio in un mondo che cambiava, prima con la guerra e dopo con la Resistenza.

La Resistenza offrì una via d'uscita a molti, ma soprattutto ai giovani. Il movimento antifascista armato diede a tutti quelli che volevano la possibilità di riscattarsi, di riprendere la storia, la loro vita nelle proprie mani e di ricostruire una nuova società migliore. Il movimento di resistenza offrì nuovi dati su cui crescere la nuova esperienza storica e di fare la storia nel senso attivo del termine. Anche qui le posizioni che ne convennero furono diverse, da ribellione naturale contro la dittatura, a ribellione sentita come presa di coscienza ideologica marxista, e che vedeva nel nazifascismo una perversione morale. Fra questi due poli estremi c'erano anche posizioni medie di scrittori che restarono attaccati alla corrente nazionalistica del ventennio.

Il Neorealismo fu piuttosto un tempo culturale che una scuola programmatica; fu un insieme d'idee usate come lotta contro la visione fascista della realtà. Sebbene questo movimento fosse costituito da vari atteggiamenti, è possibile tracciare elementi tipici e accomunati che possono identificarsi con una disposizione piú pratica, piú ingaggiata dell'artista verso la storia e il periodo storico in cui vive. Un altro elemento che li unisce è la presa di posizione verso l'Italia presentata dal fascismo, come nazione unitaria, formata da una sola realtà storica. Da questa nuova ricerca impegnata nascono le polemiche del dopoguerra, basate sulla ricerca di una nuova cultura, arte e elemento estetico nella formazione dell'opera stessa. La fine della guerra rappresentò il momento di verifica di tutto quello che si era sviluppato fin ora con l'intromissione di nuove tendenze critiche. Gli scrittori del dopoguerra furono influenzati dallo storicismo e dal marxismo. Furono influenzati dalla ricerca stilistica dei narratori degli anni Trenta e della loro ideologia americana. L'America era stata per questi scrittori la ricerca di un punto fermo, una motivazione delle proprie energie morali e spirituali. Era un paesaggio di terre estese e di razze varie, di speranze e di essenze sfuggenti che offriva un mito storico alla crisi europea e un'utopia da contrapporre al fascismo. Vittorini stesso a conclusione dell'antologia, *Americana*, scriveva:

> L'America, in questa leggenda, è una specie di nuovo Oriente favoloso, e l'uomo vi appare di volta in volta sotto il segno di una squisita particolarità, filippino, o cinese o slavo o curdo, per essere sostanzialmente sempre lo stesso: io lirico, protagonista della creazione. Quello che nella vecchia leggenda era il figlio dell'Ovest, e veniva indicato come simbolo di uomo nuovo, è ora figlio della terra. E L'America non è più America, non più un mondo nuovo; è tutta la terra. Ma le particolarità vi giungono da ogni parte, e vi si incontrano: aromi della terra; la vita vi si afferma coi gesti più semplici, e senza mai sottintesi politici, intrepidamente accettata anche nella disperazione e la morte (...). L'essenziale è leggenda umana e aggiunge la vita alla vita ... e da la prova estrema di come la letteratura americana, carica ormai dell'istinto di ogni razza, sia una letteratura universale o una lingua sola.[7]

Questa concezione della cultura completamente staccata dalla storia diede vita a dibattiti culturali che diventarono sempre più accesi, soprattutto dopo la guerra fra esponenti intellettuali e il PCI e alla polemica fra Vittorini e Togliatti.

Il movimento neorealista si concentrò in uno sforzo di divulgazione e di scoperta della realtà di tutti i giorni, a misura d'uomo e ad una critica contro la letteratura della prosa d'arte e la poetica dell'assenza storica. Lo scrittore del tempo si sentiva spinto da una missione neo-illuminista e conoscitiva. La letteratura doveva essere sganciata dal fatto puramente personale, autobiografico, per investire la società nel suo insieme. L'interesse collettivo doveva essere svelato con l'inserimento di fatti di ordine pubblico, con l'inserimento delle masse nell'organizzazione sociale, e con l'inserimento di fatti di ordine sociale con i rapporti Nord e Sud, che implicavano fatti di ordine socioculturali come analfabetismo, coscienza civile delle masse e soprattutto la necessaria ricerca di creare una letteratura popolare largamente accessibile ed educativa.

L'antifascismo serviva per mantenere un legame catalizzante tra le diverse fazioni e posizioni culturali del tempo. L'opposizione al fascismo portava con se la ricerca del reale come sforzo di testimonianza storica. Si cercava di creare qualcosa di positivo che non fosse fascista: nascono i personaggi-simboli della bontà del popolo. L'eroe positivo nel Neorealismo è spesso un operaio generoso e consapevole del suo ruolo nella società, egli ha una coscienza di classe e identifica il suo nemico nel padrone, spesso filofascista. Si pensi agli eroi di Pratolini, di Rea, o di Vittorini. La donna se è borghese è vuota e scarsamente intelligente, sempre da distinguere e separare dalla popolana o dalla donna del proletariato sempre pronta al rischio e positiva. Si pensi a Moravia, Pratolini o a Viganò. Il fascista è sempre cattivo, inumano, ideologicamente vuoto, sempre pronto a diventare profittatore, spia e spesso criminale. Essere fascista vuol dire appartenere allo strato piú basso dell'umanità, essere antifascista vuol dire essere piú uomo, *mas hombre* come direbbe Vittorini:

> Il Neorealismo fu l'espressione della frattura storica che si nutrì...di un nuovo modo di guardare il mondo, di una morale e di una ideologia nuova che erano proprio della rivoluzione antifascista. In cui vi era la consapevolezza del fallimento della vecchia classe dirigente che, per la prima volta nella storia, si erano conquistate sulle scene della società civile le masse popolari. Vi era l'esigenza della scoperta dell'Italia reale, nella sua arretratezza, nella sua miseria, nelle sue assurde contraddizioni e insieme una fiducia schietta e rivoluzionaria nelle nostre possibilità di rinnovamento e nel progresso dell'intera umanità...si presenta come autentico movimento di avanguardia...perchè tendeva a riflettere i punti di vista, le esigenze, le denunce, la morale di un movimento rivoluzionario reale e non soltanto culturale...Si presentò così come arte impegnata contro l'arte che tendeva ad eludere i problemi reali del nostro Paese; contrappose polemicamente nuovi contenuti (partigiani, operai, scioperi, signorine) all'arte della pura forma e della morbida memoria...cercò un mutamento radicale delle forme espressive che sottolineasse la rottura con

> l'arte precedente e potesse esprimere piú adeguatamente i nuovi sentimenti; si pose il problema di una tradizione di arte autenticamente realista e rivoluzionaria a cui riferirsi scavalcando le esperienze decadenti dell'arte moderna.[8]

Era la ricerca di questa nuova esperienza culturale che aveva aperto una nuova comunicazione fra scrittore e pubblico. Il Neorealismo divenne una proposta implicita di nuova cultura socialista. La classe proletaria doveva sostituirsi a quella borghese come contenuto culturale e letterario. Il processo doveva svolgersi attraverso una lenta analisi della realtà storica. La stessa realtà che era stata negata dal fascismo veniva riscoperta lentamente con le sue miserie e gioie. Solo la Resistenza come fatto storico offrì all'uomo l'opportunità di riscattarsi totalmente, di rifarsi per mezzo della partecipazione attiva alla lotta armata.

> Anche in chi si è gettato nella lotta senza chiaro perché, ha agito un'elementare spinta di riscatto umano, una spinta che li ha resi centomila volte migliori di voi, che li ha fatti diventare forze storiche attive quali voi non potrete mai sognarvi di essere.[9]

Fu proprio questo clima storico, legato ad una particolare situazione poltico-storica che creò una particolare letteratura che per molti versi lascia poco soddisfatti, perché manca approfondimento ideologico operato con distacco. Rimane quasi sempre il senso di approssimazione di mancanza di approfondimento, un rispecchiamento della realtà nel senso fotografico, non nel senso integrale della realtà. L'impegno c'era ed infatti si caratterizzò nelle discussioni e nei dibattiti sul *Politecnico* di Vittorini, che erano sempre tesi nella ricerca di una nuova Cultura, che doveva combattere ed eliminare le ingiustizie.

> Cercare in arte il progresso dell'umanità è tutt'altro che lottare per tale progresso sul terreno politico e sociale. In arte non conta la volontà, non conta la coscienza astratta, non contano le persuasioni razionali; tutto è legato al mondo psicologico dell'uomo, e nulla vi si può affermare di nuovo che non sia pura e semplice scoperta umana.[10]

Questa presa di posizione di Vittorini davanti al ruolo dell'arte e dello scrittore come guida nella nuova cultura segna una rottura con il partito comunista italiano che si spostava sempre piú sulla posizione culturale-letteraria assunta dall'Unione Sovietica sotto i precetti staliniani che influenzarono negativamente la sinistra italiana. Queste polemiche segnarono la fine del *Politecnico* e il rifiuto della sinistra italiana di accettare la letteratura europea del tempo come letteratura di crisi della società contemporanea. Quella letteratura fu considerata borghese e decadente. Il Neorealismo si abbandonò a imitazioni e a formule ripetute che segnarono la fine di tante speranze e di involuzioni storiche e culturali come la guerra fredda.

Tra gli scrittori di questa ultima fase neorealista, Dante, Arfelli, Rea, Del Buono, Micheli e Guiseppe Berto sono gli esempi piú emblematici. I loro romanzi trattano del travaglio della guerra: la fame, il crollo degli ideali della Resistenza. Il loro errore fu quello di voler insistere su temi che comiciavano ad apparire logori e ripetuti, non piú vivi da coinvolgere la passione del lettore. Ormai, come dirà Calvino nel saggio, *Il midollo del leone*, la nuova sfiducia della depressione di quel tempo, nasce non dalla guerra appena finita, ma da quella già di nuovo minacciata. L'età del dopoguerra, prima ancora che l'uomo se ne sia reso conto, si è mutata in una età anteguerra, in cui i terrori del passato e le angoscie del futuro sono mescolate per rappresentare una nuova umanità sulla via dell'alienazione.

Bisogna ricordare anche la crescente industrializzazione del paese che faceva anche della cultura un'industria (la cosidetta industria culturale), produttrice sia del consenso che del dissenso, dell'evasione come dell'impegno, i quali poi entrambi capitalizzavano nell'onnívoro consumo. Su questo terreno occorreva quindi sviluppare un antagonismo molto piú astuto e sotterraneo, per far fronte al nuovo benessere economico e alla falsa agiatezza economica e sociale raggiunta dall'Italia.

Gli scrittori che si erano formati sotto questo clima culturale, come Pasolini, furono forzati a cercare nuove forme di espressioni perché il Neorealismo come avanguardia culturale segnava il passo. Il Neorealismo restava solo nelle sue forme piú brutte, cioè puntava sul documento e sulla cronaca, arricchita di esempi di linguaggio parlato, sciatto, solo esteriormente realistico. Gli anni in cui debuttò Pasolini erano anni di vera reazione letteraria. Egli apparteneva a quella generazione di mezzo che era cresciuta e formatasi sotto la Resistenza ed ora vedeva sfuggire quegli ideali antifascisti per cui aveva lottato. La società italiana era in piena crisi, la visione unitaria in senso ideologico che aveva creato la Resistenza, non aveva piú senso di esistere e con essa cadevano le basi che avevano dato vita al Neorealismo come momento storico. Il letterato del tempo doveva crearsi un nuovo legamento storico con la realtà del tempo. La sfiducia regnava su tutti gli ideali della Resistenza e dell'antifascismo. Essi non servivano piú come soluzione; in tutti dominava la crisi passiva, la rinuncia alla lotta. Si pensi a *Lo Scialo* di Pratolini e a *Cinque storie ferraresi* di Bassani. La storia non ha piú il valore della lotta collettiva, ma un ripiegamento sulla propria coscienza individuale. Il senso di colpa non ha piú valore storico, ma universale.

Italo Calvino resta degli autori che avevano esordito durante la Resistenza il piú agguerrito e riesce ad esprimere nei due racconti *La speculazione edilizia* e *La nuvola di smog* la crisi del tempo. Nel primo racconto l'intellettuale (ex-partigiano) cerca di stabilire un diverso rapporto con il mondo che lo circonda, dopo la rottura con il partito e un passato di militante. Nel secondo abbiamo la vana ma sincera ricerca di un umo che lotta contro il mondo contaminato e inquinato dalla civiltà industriale e finisce con l'arrendersi. Questi due racconti, insieme con *La giornata di uno scrutatore*, dimostrano che sebbene Calvino continui il suo doloroso interesse per la società contemporanea, ha abbandonato il tipo neorealistico o naturalistico che aveva assunto con molta originalità nei racconti, *Ultimo viene il corvo*. In *La speculazione edilizia*, la vicenda importante non è la speculazione, quanto quella dell'intellettuale che osserva su di se i propri incontri con la realtà degli affari e degli speculatori. Su questa strada Calvino arriva alla conclusione della *Giornate di uno scrutatore* nella quale Amerigo Ormea, un intellettuale comunista che rappresenta il suo partito in un seggio dentro il Cottolengo, dopo aver vinto una faticosa battaglia, cioè a ottenere che alcuni minorati siano esclusi dal voto, osservando il padre che schiaccia al figlio minorato delle mandorle pensa quanto sia impotente di fronte a una realtà come la deformità, la ragione umana. L'atto d'amore dimostrato dal padre e dalle suore stesse nella dedizione a quelle creature infelici possono penetrare di piú che la fede sul progresso e l'illuminismo dell'intellettuale.

In questa nuova situazione storica entra in crisi il Neorealismo. Questi sono gli anni della fine delle speranze della Resistenza, delle delusioni per la sconfitta delle sinistre (1948) e della guerra fredda. Tutti questi fattori, insieme, segnano la reazione all'entusiasmo del dopoguerra. Veniva maturandosi, in molti scrittori, la crisi di quella visione unitaria della società italiana e dei suoi problemi, che avevano dato fondo alla produzione letteraria del Neorealismo. Nell'immediato dopoguerra i letterati italiani, sotto lo slancio idealistico della trasformazione culturale e politica si erano illusi di creare un rinnovamento rivoluzionario della vecchia cultura, seguendo l'esame e il programma di Gaimé Pintor, che si era presentato come rinnovatore. In questo momento di crisi di valori l'intellettuale cerca di risolvere la situazione cercando nuovi temi o problematiche diverse. Le diverse ricerche si possono raggruppare in diversi atteggiamenti: crisi passiva; non si scrive piú romanzi (Vittorini); o ripiegamento sulle proprie memorie e ambienti familiari (Bassani). Evasione fantascientifica (Calvino), pamphlet storico e politico (Sciascia) oppure continuazione tutta personale e soggettiva del realismo (Pasolini) che cerca una soluzione espressionistica-linguistica. In questo clima generale si ha anche la produzione narrativa di argomento operaio e industriale portata avanti da Valini e Ottieri, ma la loro ricerca resta sempre ai limiti della letteratura è si avvicina di piú ad una ricerca tutta personale dell'autore che si fa operaio e non riesce veramente a cogliere la vera condizione operaia. Tornando alla crisi e all'involuzione della narrativa italiana degli anni '50, il premio Strega assegnato nel 1956 a Bassani assume un significato simbolico. In *Cinque storie ferraresi* Bassani esprime un'ingiustizia della società, che è accettata a priori con un senso di stanchezza e di sfiducia verso l'uomo. La Resistenza aveva insegnato a credere nuovamente nella storia, l'uomo diventava promotore del proprio destino. Un altro esempio di questo cambiamento è la assegnazione del premio Strega a Cassola nel 1960 con *La ragazza di Bube* e il saggio da lui stesso pubblicato nel 1958, *Ideologia o poesia?*. In questo saggio Cassola fa una contrapposizione fra ideologia (intenzione) e vera poesia, e finisce per scegliere la seconda.

> A quanto mi sembra di capire, in questi ultimi tempi va sempre piú diffondendosi un senso di scontentezza per lo stato della nostra letteratura...è scomparsa, insomma, quell'euforia. Che caratterizzò invece i primi anni dopo la guerra, quando si era pronti a giurare su indirizzi letterari, su autori e su opere, oggi già caduti in un oblio pressoché completo. Chi come me, non è stato quasi d'accordo con le valutazioni ufficiali, non può non rallegrarsi di una crisi che dovrebbe preludere a una revisione di valori, ma il fatto è che, se la crisi è visibile non si scorgono nemmeno i sintomi di una revisione e di una migliore impostazione critica. E, tutto sommato, la confusione delle idee sembra giunta al colmo. La narrative del dopo guerra è sotto accusa...Neorealismo, letteratura meridionalista, letteratura impegnata, letteratura della Resistenza ecc., sarebbero stati tutti indirizzi letterari sbagliati, frutto di equivoci culturali grossolani o addirittura prodotto di sollecitazioni propagandistiche dei partiti di sinistra, e in modo particolare del PCI...A questo proposito è bene dire una parola chiara.[11]

Dopo una lunga introduzione sulla situazione della letteratura italiana e moderna e della mancanza dell'uomo e della poesia in essa, conclude che l'uomo rappresentato interamente fa nascere la poesia in un'opera d'arte e che il fine stesso dell'opera d'arte é la poesia, altrimenti si ha solo l'intellettualismo di un Kafka, di Sartre, di Camus e di tutta la letteratura contemporanea ad eccezione di *Dottor Zivago*. A tale alternativa tautologica ripose Pasolini con una poesia, esemplata sull'orazione di Antonio per Cesare nel *Giulio Cesare* di Shakespeare.[12] La poesia è una critica che Pasolini mosse non solo all'articolo di Cassola, ma anche al disimpegno programmatico del romanzo, *La ragazza di Bube,* di quest'ultimo. Pasolini, partendo da Cassola, critica la reazione al Neorealismo italiano, definendola neopurista. Sebbene lui dica di non volere fare un elogio al Neorealismo, traccia quelli che lui considera i meriti: stile misto, difficile e volgare che allargò il vocabolario della lingua italiana e aprì le porte al proletariato. Secondo Pasolini il realismo fu un rinnovamento storico di portata ideologica e rivoluzionaria che comunque era finito, ma aveva lasciato in eredità Calvino, Morante, Gadda, Levi, la rivista *Officina*, Bassani e lo stesso Cassola. Il realismo per Pasolini si estende fino agli anni Cinquanta e include anche *Quer Pasticciaccio brutto de via Merulana* di Gadda per le sue innovazioni linguistiche. Pasolini non include il decadentismo, il neosperimentalismo e il neopurismo cassoliano e dice che ormai è morto, perché è morto il senso di rinnovamento della storia. Si può dedurre che l'intellettuale del tempo secondo Pasolini deve continuare l'impegno realistico nell'arte, ma deve cercare nuovi mezzi stilistici per una nuova situazione storica. Abbiamo lo sviluppo economico, ma culturalmente abbiamo anche una maggiore coscienza teorica da parte dei letterati, che si tecnicizzano di piú. Proprio negli anni '50 abbiamo le conseguenze della rivoluzione ungherese che causa uno sbandamento notevole nella sinistra italiana. Nel '53, Einaudi pubblica la traduzione di alcuni scritti di Lukàcs sul realismo nella letteratura, che causano polemiche sul riguardo del realismo del dopoguerra. La reazione al Neorealismo esploderà nel giudizio dei critici degli anni seguenti. I critici di destra come di sinistra hanno rilasciato giudizi negativi come fenomeno letterario e poetico. Il giudizio piú severo è arrivato proprio da un marxista come Alberto Asor Rosa, che nel libro, *Scrittori e popolo*, attacca la letteratura del dopoguerra come continuazione populista dell'Otto e Novecento. Per Asor Rosa populista significa essere scrittore aristocratico, borghese o piccolo-borghese in cerca di popolareggiare i propri sentimenti elitisti di classe che si avvicinavano al popolo senza una scelta classista e rivoluzionaria. Sempre negli anni Sessanta anche il "Gruppo 63" esprime giudizi negativi sul Neorealismo. La polemica del gruppo sostanzialmente antirealistica è alla ricerca di nuove teorie neoavanguardiste, come nel caso di Sanguineti. Altri critici come Bàrberi Squarotti e Renato Barilli cercano di portare avanti una critica letteraria nei riguardi del Neorealismo senza tenere conto della situazione storica che invece deve essere legata strettamente alla produzione letteraria. Bàrberi Squarotti nel libro, *Poesia e narrativa del secondo Novecento*, vuole scacciare la storia e i temi della Resistenza perché essi sfruttano dei sentimenti in ricerca di consenso per una cattiva letteratura. Calvino stesso nella prefazione del romanzo *Il sentiero dei nidi di ragno* aveva avvertito:

> Il "neorealismo" per noi che cominciammo di lí, fu quello; e delle sue qualità e difetti questo libro costituisce un catalogo rappresentativo, nato come da quella acerba volontà di far letteratura che era proprio della scuola". Perché chi oggi ricorda il "neorealismo" soprattutto come una contaminazione o coartazione subita dalla letteratura da parte di ragioni extraletterarie, sposta i termini della questione: in realtà gli elementi extraletterari stavano lí tanto massicci e indiscutibili che parevano un dato di natura; tutto il problema ci sembrava fosse di poetica, come trasformare in opera letteraria quel mondo che era per noi il mondo.[13]

Il termine stesso, Neorealismo, coniato da Cesare Zavattini per descrivere il cinema italiano del dopoguerra viene messo in dubbio e nascono riserve (Salinari e Montale) sull'uso del termine per descrivere la letteratura del dopoguerra. Generalmente i critici accettano il termine per definire la letteratura di contenuto di denuncia, di presa diretta sulla realtà sociale come la nostra letteratura del secondo dopoguerra. La discussione di Neorealismo in questa introduzione mira a trattare dei problemi che esistono nel contesto della letteratura contemporanea come continuazione di quella degli anni Trenta del periodo fascista. Generalmente si tende a seguire la linea tracciata da Gallo, il cui saggio, *La narrativa italiana del dopoguerra,* uscito in *Società* nel 1950, passa in rassegna la produzione post-liberazione legandola alla letteratura dell'anteguerra:

> A chi ben guardi, la narrativa italiana della fine della guerra a oggi presenta una fisonomia solo apparentemente mutata da quella della narrativa anteguerra.[14]

Gallo parla di continuità negativa e critica soprattutto la letteratura del dopoguerra, perché non si è riusciti a elaborare una vera letteratura con linguaggio e stile nuovi che dovevano nascere come tradizione rinnovata sotto la spinta di nuove esigenze morali. Sulla tesi della continuità si attiene anche Carlo Bo nella introduzione all'inchiesta condotta per la RAI dell'ottobre '50 al marzo '51 nel quale include scrittori come Moravia, Pavese, Vittorini, Calvino e Pratolini.

> Cominciamo col dire che il fenomeno del neorealismo, almeno in letteratura, è nato da una suggestione polemica e dalla necessità di risolvere su altri piani e con altre voci un problema di espressione che aveva raggiunto delle forme rigide, chiuse mentre si toccavano certi punti alti della prosa d'arte. E naturale quindi che in un lavoro di reazione non mancassero delle grosse confusioni e che certi scrittori diversissimi per natura e per educazione si trovassero a un certo punto vicini, costretti dalle cose a lavorare insieme, protestando una stessa fede d'occasione.[15]

Secondo me questa linea di continuità crea dei problemi e delle ambiguità. Stilisticamente e liricamente Pavese di *Paesi tuoi* e Vittorini di *Conversazioni in Sicilia* possono essere chiamati precursori e maestri, ma ideologicamente questa continuità non è più assoluta. Calvino spiega questa differenza fra stile e ideologia quando nella prefazione a *Il sentiero dei nidi di ragno* parla dell'importanza del linguaggio, dello stile, del ritmo che avevano appreso dagli scrittori degli anni Trenta. Parlando dell'esplosione letteraria del dopoguerra scrive che più che un fatto d'arte fu un fatto fisiologico, esistenziale, collettivo perché avevano vissuto la guerra e si sentivano vincitori depositari esclusivi della eredità della battaglia. Il problema della continuità fra l'anteguerra e il dopoguerra è stato sempre accettato senza mai essere veramente affrontato. Mentre i critici parlano negativamente del Neorealismo, allo stesso tempo elogiano Vittorini e Pavese che hanno designato come capiscuola del fenomeno. Gli attacchi dei critici degli anni Sessanta si sono diretti solo contro il Neorealismo postbellico e a quello della Resistenza senza trattare direttamente il gruppo Bilenchi-Vittorini-Pavese. Il problema della differenza ideologica fra i due gruppi non viene analizzato. Gli scrittori del dopoguerra avevano vissuto una esperienza diversa; la novità costituita dalla guerra e dalla Resistenza. La loro ideologia aveva assunto maturità ideologica che gli altri non avevano e non potevano avere perché si sentivano fascisti fino al 1939. Il discorso dell'ideologia è molto importante e non può essere trascurato. Per questo si è parlato del legame fra intellettuali e fascismo e il nuovo sentimento storico-ideologico nato dalla Resistenza.

Sebbene il Neorealismo non fosse una scuola letteraria con un chiaro programma o manifesto, oggi possiamo definirlo come uno stato d'animo diffuso tra i giovani scrittori che cercarono attivamente un rinnovamento critico e dialettico con la storia e la realtà del tempo. Durante il ventennio fascista la nostra letteratura o cedette all'imposizione politica o si rifugiò nei miti della fantasia e nell'esercitazione stilistica. Il Neorealismo fu una nuova narrativa, un tempo culturale, che accumunava nuove prospettive che si possono enucleare in alcune linee essenziali, che fanno parte del repertorio ideologico e tematico del movimento: un sentimento umanitario verso l'uomo colpevole di ignavia; un'avversione ai valori borghesi, visti come corrotti; impegno sociale e critico che diventava polemica sociale per denunciare le arretratezze delle masse; una ricerca di un nuovo legame con la realtà italiana che comportava una partecipazione attiva nella storia. L'uomo insomma doveva riacquistare il suo ruolo di motore della storia.

Per quanto riguarda l'aspetto stilistico e culturale, il movimento presenta una ricerca di una nuova arte e cultura, per la creazione di una letteratura nazionale popolare. L'inserimento delle masse popolari comporta maggiore comunicatività linguistica con l'uso della lingua parlata come testimonianza dell'uomo nella sua realtà storica e la nascita di nuovi personaggi-simboli. Gli uomini positivi sono sempre antifascisti e le donne positive sono popolane sempre pronte al sacrificio e all'abnegazione di se stesse.

Nel 1955 quando Pasolini pubblica il suo primo romanzo le condizione storiche e culturali in Italia erano completamente cambiate. Nel poema già citato Pasolini parla della fine del Neorealismo. Calvino nella prefazione a *Il sentiero dei nidi di ragno* scrive:

Già negli anni Cinquanta il quadro era cambiato, a cominciare dai maestri: Pavese morto, Vittorini chiuso in un silenzio d'opposizione, Moravia che in un contesto diverso veniva acquistando un altro significato (non piú esistenziale ma naturalistico) e il romanzo italiano prendeva il suo corso elegiaco-moderato-sociologico in cui tutti finimmo per scavarci una nicchia piú o meno comoda (o per trovare le nostre scappatoie).[16]

Durante il biennio 1955-1956 si erano scatenate le critiche di varie tendenze su *Metello* di Pratolini che tenendo di occhio il romanzo pratoliniano affrontano il problema piú generale del realismo nell'arte. In Italia sono ormai conosciute le prescrizioni zdanoviane e le teorie gramsciane e lukacsiane. Nella sinistra italiana c'è un irrigidimento ideologico capeggiato da Salinari, e la Resistenza assume un carattere quasi sacro. Molti scrittori cercano nuove forme di espressione; nascono le nuove avanguardie e il Gruppo 63; al momento epico succedono la riflessione e l'autocritica con una temperata aperatura allo sperimentalismo. Nascono i nuovi problemi dell'intellettuale in una posizione di scissione e di ricerca in un periodo storico molto difficile. L'intellettuale diventa specializzato addetto a un campo particolare della sovrastruttura e lavoratore che vende la propria forza-lavoro; per un verso inserito nel sistema e nei meccanismi della divisione del lavoro, per un altro proletarizzato e massificato, lusingato dalle prospettive dello sviluppo scientifico e tecnologico. Gli anni '50 sono solo l'inizio di questo periodo che esploderà nel '68, con il conflitto fra il vecchio ruolo ideologico dell'intellettuale umanistico che si crede ancora centro della cultura e il nuovo intellettuale che avverte la necessità di rompere con esso e di ridefinire la propria collocazione nel campo delle attività umane. Lo scontro fra Pasolini e Sanguineti, il *leader* della neoavanguardia, è emblematico. Pasolini continuava la propria concezione dell'intellettuale gramsciano ed impegnato sebbene ammettesse la necessità di esperimentazioni stilistiche di tipo radicalmente nuove. Il rinnovamento formale doveva coincidere con una problematica morale, con un'esigenza ideologica di conoscere il mondo, e con una lotta innovatrice da condursi anzitutto sul piano etico culturale, nella cultura, nello spirito, prima ancora che nello stile; tale procedura sarebbe l'unica praticabile da parte dell'intellettuale che voglia trovarsi "col sentimento, al punto in cui il mondo si rinnova". Per Pasolini opera ancora la fiducia nella storia e nel ruolo ideologico del poeta, il che è di natura romantica. A tale proposito il Sanguineti rispose:

> Ma dicevo
> Lei crede nella storia...io che non sono né eroico né solo
> stò fuori della storia e della grazia
> di quello sperimentalismo vero
> e autentico, che già non può, Lei dice,
> non caratterizzarla, se sta sempre
> al punto cui il mondo si rinnova.
> E come non starebbe, se lei stesso lo ha collocato lì? Felice Lei,
> Pasolini felice, se la storia
> se la Sua Storia, sempre, si capisce,
> lavora proprio per Lei, regalandoLe
> garanzie tanto certe e confotevoli![17]

Dalla risposta e l'accusa di Sanguineti possiamo cogliere l'influenza del Neorealismo nella formazione cuturale di Pasolini. Per Sanguineti la storia è una semplice disfunzione psicologica nella quale l'esistenza affonda lamentandosi. Per Pasolini la storia ha ancora un senso di fiducia e un ruolo ideologico. Egli si fa continuatore dei valori acquisiti nel dopoguerra sviluppandoli con molte contraddizioni e spunti originali, senza di essi si arriva ad una nuova preistoria. Pasolini, in polemica con la nuova avanguardia e con la reazione neopurista, propone un nuovo realismo programmatico. Il suo non sarà un realismo spontaneo, ma studiato, rivestito da un tecnicismo linguistico basato sulla propria concezione del romanzo e del ruolo dell'intellettuale nella formazione artistica. All'origine del suo lavoro c'è anche l'interpretazione gramsciana-continiana della lingua italiana come lingua non nazionale, perché astorica, nata dall'unilinguismo petrarchesco e dalla tradizione letteraria e non dalla lingua parlata.

Prima di passare ai romanzi presenteremo un'introduzione sulla lingua italiana e sulle borgate romane, per mettere in rilievo come Pasolini affronta il problema socio-linguistico. La lingua italiana sarà seguita nel suo sviluppo attraverso i secoli fino al tempo della stesura dei romanzi romaneschi di Pasolini. Le borgate saranno analizzate nella loro formazione storica e culturale. Esse rappresentano il risultato di antiche discriminazioni e sfruttamenti politici ed economici, e perciò sono una fonte primaria per la prosa di Pasolini.

# CAPITOLO II

# LA LINGUA ITALIANA, IL ROMANESCO E LE BORGATE DI ROMA[1]

La questione della lingua è sempre stata uno dei problemi principali per lo scrittore che vuole scrivere un romanzo o un racconto in italiano. Il problema diventa piú difficile per chi vuole portare avanti anche una polemica politica-culturale contro la lingua nazionale attuale e il suo ruolo nella vita intellettuale italiana. Il risultato sarà una implicita polemica contro tutto l'italiano letterario e la letteratura del primo Novecento. Pasolini nella sua ricerca letteraria tiene a far coincidere le scelte stilistiche con una lingua nazionale popolare. L'allargamento linguistico è una disciplina, non è spontaneo; è la ricerca di un borghese impegnato il quale è uscito politicamente dalla sua classe colta nella ricerca di una lingua piú vicina a quella parlata, piú espressionistica e meno letteraria. Creare una lingua nazionale popolare per Pasolini non significa soltanto andare verso il popolo, ma anche ricreare una lingua piú sincera, anti-italiana da far impallidire la tradizione della lingua centralizzata da Petrarca ai manzoniani. Il canone monolinguistico compone la costante piú tipica della letteratura italiana accademica, che è stato spesso messo sotto pressione dalle reazioni dialettali, ma mai deposto come modello letterario. Una tale impostazione teorico-critica, sebbene schematizzata, porta Pasolini ad assumere un atteggiamento cosciente e critico verso tutto il patrimonio linguistico italiano. Quasi tutti gli Italiani parlano dialetto a casa e usano l'italiano solo per comunicare con il resto della nazione nelle varie situazioni che si presentano al di fuori della famiglia stretta, sebbene con la diffusione della televisione ora il problema sia meno sentito, ma ancora resta problematico al livello culturale e linguistico. L'italiano come lingua letteraria è una lingua accademica, nata dalla tradizione letteraria, sviluppatasi a Firenze. Come sappiamo, Dante Alighieri viene considerato il padre della lingua italiana, perché contribuì ad elevare il fiorentino scritto a dignità di lingua. Il fiorentino nella sua ascesa da dialetto locale a lingua comune italiana, non fu avvantaggiato solo dal genio di Dante, ma anche dal fatto che come lingua era fonologicamente, lessicalmente e sintatticamente piú comprensibile alle persone instruite del tempo, che conoscevano il latino. Questo fatto di struttura linguista è dovuto alla ragione storica che nell'odierna toscana si parlava l'etrusco, prima della conquista di Roma. L'etrusco era completamente diverso dal latino, perché appartenente alle lingue preindoeuropee, così quando i Romani conquistarono l'Etruria, gli abitanti del luogo, aiutati anche dall'alto livello civile e culturale già raggiunto, impararono il latino senza introdurvi elementi della loro parlata nativa, che potessero creare confusioni o inserzioni linguistiche. Questo privilegio culturale continuò con la Signoria fiorentina e poi con il Granducato di Toscana, che mantennero le popolazioni della Vecchia Etruria in uno stato di relativo isolamento. In questo modo fu piú facile mantenere una certa purità linguistica.

Dopo Dante il fiorentino fu portato avanti da Francesco Petrarca e da Giovanni Boccaccio che influenzarono l'italiano letterario piú di Dante. Tra il '300 e '500, fattori economici fecero del fiorentino lingua nazionale in senso culturale. I commercianti e i banchieri fiorentini furono gli agenti della fortuna del fiorentino. Il 1552 è una data importantissima per la lingua italiana, infatti Bembo pubblicò le *Prose della volgar lingua* che segna la vittoria della lingua ricercata petrarchesca come modello poetico e della lingua boccaccesca come modello per la narrativa. L'italiano continuò sempre a staccarsi dalla lingua parlata ed assunse sempre piú aspetti letterari. Un altro aspetto importantissimo è la mancanza della Riforma religiosa, che l'Italia non ha conosciuto. La Riforma religiosa protestante sentì il bisogno di far conoscere la Bibbia al popolo e di conseguenza promosse una cultura di massa che l'Italia ha conosciuto solo negli anni sessanta di questo secolo. La lingua scritta in Italia rimase quasi esclusivamente nelle mani di ceti letterati. Questa situazione continuò fino alla fine del '700 quando gli scrittori del tempo capirono e riconobbero che l'italiano esisteva solo per scrivere libri. L'Illuminismo affrontò di nuovo la questione della lingua ed ebbe il merito di modernizzare l'italiano seguendo l'evoluzione francese. L'italiano perdette la costruzione arcaica classica ed assunse una costruzione diretta nei periodi che rese la lingua piú logica e scientifica. Soprattutto nel teatro del tempo, per opera di Goldoni, venne introdotto una lingua piú vicina al dialetto parlato in tutte le sue varietà.

Nel secolo seguente, la polemica sulla lingua venne portata avanti dal romanticismo che voleva una letteratura e una lingua che esprimesse la realtà delle cose. Il problema che si fa sentire in questo periodo è quello dell'unità della lingua come strumento d'una nazione unita, sempre in senso culturale. Manzoni tratta la lingua non piú, o solamente, come questione letteraria, ma anche come questione politica e sociale. La crisi era sentita da tutti, infatti per farsi capire dal popolo si doveva parlare il dialetto e cosí si faceva nella predicazione e nell'insegnamento catechistico. L'unificazione dell'Italia non risolve, come infatti realisticamente non poteva, il problema linguistico. Quando il Parlamento dei deputati si riuniva tutti si sforzavano di parlare italiano, ma nessuno, o pochissimi, avevano l'abitudine di usarlo in conversazione. L'esempio simbolico è il conte di Cavour che era per natura un buon oratore, ma in italiano non riusciva ad esprimersi; infatti, parlava come se traducesse dal francese. Gli unici che si esprimessero efficacemente erano i Senatori toscani e gli avvocati abituati a rivolgersi ai tribunali in italiano. Al momento dell'unità la popolazione italiana era analfabeta all'ottanta percento. Il venti percento rimanente era ben lontano da un reale possesso della capacità di leggere e di scrivere. Le scuole del nuovo Regno non erano in grado di immettere i ragazzi nell'uso della lingua italiana come lingua parlata. Lo stato si pose subito il problema dell'effettiva unificazione linguistica e cercò di adottare il programma manzoniano, che sosteneva la necessità di imporre il Fiorentino parlato dalle persone colte al resto dell'Italia. Il programma non riuscì nel suo intento e fu approvato soltanto in quanto era anti-dialettale e riuscì ad infondere per generazioni il disprezzo per i dialetti che molti Italiani continuano erroniamente a considerare deformazioni dell'italiano fiorentino. Graziadio Isaia Ascoli aveva visto giustamente quando criticando il programma manzoniano, aveva detto che l'italiano non poteva espandersi artificiosamente perché le masse non erano culturalmente evolute; insomma l'Italia mancava di una vita culturale e di una vera istruzione di massa. Al tempo di Manzoni l'istruzione postelementare veniva impartita all'8-9 per mille della popolazione in età fra gli 11 il e i 18 anni, al di sotto dell'uno percento.

La prima guerra mondiale avviò l'Europa e l'Italia a cambiamenti e rivoluzioni che investirono anche la struttura culturale e linguistica. In Italia, la guerra aveva messo in contatto diretto le masse dei contadini creando una spinta popolare verso una lingua media e dialettale. Questa spinta venne ad essere violentemente infrenata dal fascismo. La retorica della propaganda fascista insieme al dannunzianesimo crearono una lingua artificiosa che cercò di riscoprire parole latine o latineggianti. La ricerca di Verga di creare un italiano nel quale il dialetto penetra nella lingua italiana intaccandone il tessuto linguistico e strutturale, non venne seguita. Alla caduta del fascismo si delineò ben presto un movimento di riscossa popolare che ha portato conseguenze importantissime anche sociali e linguistiche. Alla fine della guerra dieci milioni di Italiani emigrarono dalle compagne ai grandi centri. Dal 1950, la percentuale degli addetti all'agricoltura è calata dal 35 al 19 percento e continua a scendere. I tempi oggi sono cambiati in Italia; oltre il sessanta per cento parla italiano nel rapporto quotidiano e non solo in rapporti formali, questa espansione della lingua si deve alla televisione, alla scuola di massa e alla vita sociale e politica piú intensa.

Al tempo dei romanzi di Pasolini (gli anni 50) la situazione era completamente diversa. L'agricoltura impegnava il 42.6 per cento della popolazione. La televisione era appena uscita e non era emersa come fattore di massa. L'obbligo scolastico era ancora fermo ai cinque anni e l'Italia aveva ancora il tredici per cento di persone completamente analfabeti. L'uso abituale dell'italiano era ristretto al 18 per cento della popolazione e con tutte queste statistiche il governo continuava il suo atteggiamento di terrore dinanzi al dialetto. La cultura piccolo-borghese o medio-borghese aveva paura del dialetto perché mirava contro il loro essere sociale e la posizione acquisita nella società. Quando Pasolini pubblica il suo primo romanzo, *Ragazzi di vita* (1955), viene denunciato per turpiloquio, cioè deformazione del linguaggio comune (che in realtà per i ragazzi delle borgate non esisteva). Pasolini nello scrivere i suoi due romanzi romani doveva risolvere il problema estetico e linguistico che qualsiasi scrittore militante che voglia creare un romanzo ambientato sulla povera gente deve affrontare. Pasolini sceglie il romanesco delle borgate, ma prima di parlare del significato di questa scelta soffermiamoci sul romanesco come lingua.

Il romanesco era anticamente un dialetto meridionale con caratteristiche molto vicine al napoletano (uocchi vocca per occhi e bocca). Questo meridionalismo è andato sempre piú perdendosi a causa della Curia Romana che ha sempre attirato gente di tutto il mondo e preti da varie parti d'Italia, che dovevano cercare di parlare in italiano. Nel '500 sotto l'influenza dei Medici e dei Papi Leone X e Leone XI, il fiorentino si diffuse nei ceti piú alti della città. A livello popolare si diffuse lo smeridionalizzamento del dialetto che si trasformò in un dialetto molto vicino al toscano. Il diminuire delle caratteristiche meridionali del romanesco è legato anche allo sviluppo demografico della città. Nel 1513 Roma aveva 40,000 abitanti; nel 1527 dopo il sacco di Roma, calò a 33,000; nel 1600 raggiunse quasi 110,000 abitanti. Questa espansione fu dovuta all'immigrazione da tutte le parti d'Italia e di persone che parlavano dialetti diversi. Si comprende dunque come il romanesco perse quindi completamente le sue vecchie forme dialettali. Nel 1853 precisamente 46,000 su 176,000 dei residenti romani venivano da altre regioni e l'italiano era usato nelle relazioni quotidiane e anche nelle funzioni religiose. L'insegnamento elementare nello Stato Pontificio languiva, ma nell'ambito urbano era molto fiorente perché per mezzo dell'instruzione il clero voleva legare la gioventú della capitale alla chiesa. Quando l'Italia fu unificata, Roma (non includendo la Toscana) era l'unico centro italiano dove si parlasse e si scrivesse in italiano. Nel 1560 il dialettologo, Zuccagni Orlandini, voleva tradurre in dialetto un testo evangelico e non potette trovare nessuno che glielo traducesse in romanesco. Mentre nelle altre città italiane si parlava dialetto, a Roma si parlava quasi toscano. Dal 1870 questo fenomeno linguistico fu consolidato e rafforzato dalla stampa, tutti i giornali e le agenzie aprirono una redazione a Roma. Roma divenne il centro linguistico per il resto dell'Italia. La tendenza romanizzante si rafforzò durante il periodo fascista quando la stampa era controllata dall'officina centrale della Cultura Popolare. Mentre la borghesia romana sotto il fascismo diventa sempre piú italiana, il popolo romano incomincia a parlare un romanesco sempre piú meridionale sotto l'influenza dell'immigrazione interna, che aggiunge al romanesco particolarità lessicali meridionali. Nel dopoguerra l'italiano è venuto sempre piú a coicidere con la varietà regionale romana di italiano, dei ceti colti, ma con esso si sono diffusi anche i meridionalismi portati dall'immigrazione del 1950-1960. La cinematografia prima e la narrativa neorealistica dopo hanno richiamato l'attenzione sul romanesco meridionalizzato delle borgate romane. Si pensi ai film di Vittorio De Sica, *Sciuscià* e *Il tetto*, girato nel rione di Monte Sacro ed ispirato ad una vicenda di immigrati in cerca di alloggio. Di origine romanesco-meridionale è il suffisso *-arco* per parole come barr*aro*, padell*aro*, patacc*aro* e benzin*aro*. Mentre il romanesco medio ed alto continua ad essere toscano e solo nella pronuncia si hanno forme gergali come *subbito, griggio, pajja*, il romaesco di borgata assume un aspetto molto piú vicino al dialetto meridionale per forme gergali e interiezioni (*a* come interiezione di richiamo *"a Carlo; ao"* come eco). Quando Pasolini arriva a Roma nel

1950, e va a vivere nelle borgate romane, subito si rende conto della diversità linguistica e sociale delle borgate. Egli non era nuovo alle questioni filologiche e ai dialetti, infatti aveva già iniziato la raccolta di poesie dialettali per *Il Canzoniere italiano* e aveva già pubblicato una raccolta di poesie in dialetto friulano intitolata *Stroligut de ca da l'aga* (Lo Stregone di qua dall'acqua). Storicamente e culturalmente è il tempo in cui l'Italia va trasformandosi e modernizzandosi, il periodo del riflusso del Neorealismo e del ritorno al formalismo. In questo momento di trapasso, di ritorno alla ricercatezza linguistica Pasolini riapre la questione della lingua usando il gergo delle borgate come opposizione all'insorgente razionalismo borghese. Quando riproduce il dialetto romanesco segue un discorso filologico politico e artistico allo stesso tempo. Come polemica sociale non può piú usare il dialetto belliano perché molte parole usate dal poeta, Belli, sono diventate normali, cioè usate e riconosciute da tutti gli Italiani, dunque deve usare un dialetto borgataro che non à accettato dalla borghesia. Di conseguenza deve fare una ricostruzione filologica e etnologica del modo in cui i giovani si esprimono. Per Pasolini la lingua italiana è tradizione letteraria dal Petrarca in poi, ma reazione, nel senso che non è stata mai popolare. La situazione storica del tempo per Pasolini si presenta cosí: uno scrittore militante che vuole scrivere un romanzo polemico contro la borghesia e la tradizione letteraria della lingua italiana, che fa per ricostruire artisticamente un mondo che vive al di fuori della storia. Dico storia perché nelle pagine che seguono vedremo che sono le borgate romane. Pasolini prima ancora di essere scrittore è anche critico letterario e critico di se stesso. Come critico letterario cerca di portare avanti la ricerca contenutistica del Neo-realismo. Come critico di se stesso, sa benissimo di essere uno scrittore borghese, in possesso della lingua che lui stesso definisce reazionaria perché astorica, ma allo stesso tempo è un artista che cerca la creazione artistica. Se avesse voluto scrivere un rapporto sociologico e antropologico avrebbe potuto usare il metodo dell'inchiesta, ma lui vuole essere anche artista. A Pasolini resta il merito di aver cercato di risolvere il problema dell'artista borghese (culturalmente) in cerca di scrivere un romanzo popolare che non trasformi la realtà della vita reale e allo stesso tempo sia un'opera letteraria e non un rapporto sociologico. Egli aveva a disposizione l'ipotassi, la paratassi, abbassamento linguistico verso il parlato di tipo manzoniano, oppure l'uso del discorso indiretto libero desunto dai personaggi di tipo verghiano, ma egli cerca di trovare una soluzione tutta sua. Come scrittore, Pasolini crea un nuovo stile e un nuovo linguaggio alternando il discorso diretto, indiretto, la lingua poetica e una lingua media. Questa invenzione potrebbe sembrare un ricercatismo capovolto, cioè l'eterno gioco accademico del letterato italiano, ma per Pasolini è l'unica scelta per uno scrittore militante che voglia veramente retrocedere ed entrare nell'umanità desolata del mondo sottoproletario. Resta il dubbio per il lettore se tutta la creazione sia una trovata filologica, ma per Pasolini scrittore-critico è l'unica soluzione per una letteratura antiletteraria che ricrei pienamente la vitalità della situazione reale. Pasolini si propone di recuperare la totalità assoluta della realtà senza staccarne l'aspetto linguistico, perché la lingua è cultura e il parlare di una persona ricrea il suo essere totale. Per ricreare la realtà totale del parlante lo scrittore deve conoscere anche l'ambiente in cui vive e la sua formazione culturale. Nel nostro caso deve conoscere le borgate romane.

Perciò, prima di passare all'analisi dei romanzi pasoliniani è necessario parlare delle borgate romane e del loro sviluppo, in particolare delle borgate menzionate da Pasolini nei due romanzi analizzati nei prossimi due capitoli. Non basta dire che le borgate romane sono particolari patalogici della società romana, perché esse sono il risultato di un'operazione di classe da parte del fascismo e poi della Democrazia Cristiana. Nel saggio, *Gadda, Pasolini, and Experimentalismo: Form or Ideology*, Olga Ragusa parla delle borgate romane senza veramente capirne il valore di classe che è alla base di tutta l'operazione:

> Ragazzi di vita came out at the height of the neorealistic vogue and was read at first as a document of the desperate conditions of the Roman subproletariat in the disconsolate slums springing up with unbelievable rapidity on the outskirts of the city.[2]

L'accrescimento demografico non è un aspetto peculiare di Roma, ma un fenomeno di quasi ogni città italiana. L'aspetto particolare di Roma è il ritmo dell'accrescimento; ogni venti anni milioni di Italiani si trasferiscono nella capitale. Un gran numero dei nuovi arrivati viene dalle campagne del Sud in cerca di lavoro e sistemazione. Il fatto più strano, se paragonato allo stesso fenomeno che attira gente a Milano e Torino, è che Roma non offre lavoro come le altre due città del Nord perché non ha fabbriche. La gente va a Roma per sfuggire la miseria delle campagne meridionali, senza penetrare nel recinto urbano della città; resta a vivere ai margini della vita civile. Questo fenomeno è vecchio quanto Roma stessa, ma mi soffermerò solo sugli anni a partire dal 1860, quando la macchina dello stato incomincia a creare l'esercito della burocrazia statale e amministrativa. Fin dal primo censimento pubblicato nel 1881 non si sa esattamente quanti abitanti ci fossero a Roma, perché lo stato non contò la popolazione che viveva intorno alla città. Questa è una vecchia pratica che si rifà ai Romani che non contarono mai gli schiavi, ma solo, liberi cittadini. Le persone che vivono nelle borgate non hanno carta d'identità di residenza romana, né diritto di voto, ma allo stesso tempo rappresentano l'esercito di riserva per la mano d'opera a basso salario. Non essendo cittadini o residenti di Roma queste persone non possono nemmeno beneficiare dei servizi pubblici o sanitari della città. Fin dai primi anni dell'unità e nel primo periodo di Roma capitale, i migliori elementi della classe dirigente delle regioni settentrionali lasciano le proprie città e vengono a Roma chiudendo la porta dei pubblici impieghi ai meridionali. Soli pochi giovani intellettuali trovano lavoro, la maggior parte della gente che viene dal Sud o resta disoccupata o esercita un lavoro subalterno. Il grande afflusso dopo l'unificazione ha una breve pausa durante la crisi del 1892 per poi riprendere con l'inizio del nuovo secolo. Ma chi sono veramente gli immigrati? La quota più alta, il 26%, è rappresentata da non professionali che cercano qualsiasi occupazione che consenta loro di vivere. Il 23% sono addetti all'amministrazione e alla difesa e gli altri ai servizi domestici. I preti e le monache costituiscono il 7%. La maggior parte delle persone che compongono gli immigrati viene dal centro sud (77%), mentre il 13% viene dal Nord ed il resto dalle isole.

Con la venuta al potere del fascismo la situazione si aggrava per due ragioni: la politica che punta sulla tradizione imperiale, che vuole costruire una grande Roma, e l'allargamento della burocrazia statale. Il primo aspetto causa la distruzione dei quartieri popolari nel centro della città e il ricollocamento delle persone nelle piccole borgate create alla periferia della città. L'allargamento della burocrazia causa l'afflusso di una nuova invasione di gente in cerca di lavoro. Sotto il fascismo la popolazione di Roma arriva a 660.238 unità senza contare gli abusivi non inclusi nelle statistiche ufficiali. Con lo sventramento del centro della città, intorno al Colosseo e al Viale Imperiale, gli sfrattati furono ricollecati alla periferia della città in abitazioni precarie e malsane, in zone non dotate di servizi efficienti. Così nacquero i primi borghetti popolari con una forte maggioranza operaia. A questo primo gruppo appartengono Pietralata, Gordiani, Tormarancio e Acqua Bullicante. Pasolini doveva sapere benissimo questi fattori storici delle borgate, perché nel secondo romanzo, *Una vita violenta*, la sezione del partito comunista si trova a Pietralata, borgata che ha sempre mantenuto questa caratteristica operaia e militante; si veda anche il quarto capitolo dello stesso romanzo intitolato *La battaglia di Pietralata*.

Sotto il fascismo la situazione finisce con l'aggravarsi con le leggi del 1939, che cercavano di controllare e di fermare l'immigrazione meridionale verso Roma. In verità la legge non riuscì a risolvere il problema dei senza lavoro che invece di ritornare nelle proprie campagne, crearono una miriade di borghetti abusivi, che il governo ignorò completamente. Una persona che viveva a Roma, ma non vi era nata doveva iscriversi all'anagrafe per trasferirsi ufficialmente. All'anagrafe si rifiutavano di iscriverlo perché non aveva un lavoro stabile. Se si aveva un lavoro, bisognava avere la dichiarazione del datore di lavoro, che non bastava perché occorreva l'iscrizione anagrafica del Comune di Roma; come si vede è un circolo chiuso. Questo processo burocratico viene descritto molto bene da Ignazio Silone nel romanzo, *Fontamara*, quando Bernardo arriva a Roma in cerca di lavoro. Politicamente il neo-immigrato, o il vecchio immigrato saranno costretti a vivere senza diritti ai margini della società, che non li roconosce. Questo fenomeno non viene abolito con la caduta del fascismo, ma continua ancora oggi. Al tempo dei romanzi di Pasolini c'erano circa 163.187 non residenti presenti a Roma che non venivano contati dal comune. Nel 1960 c'erano persone che vivevano a Roma da 30 fino a 35 anni e non erano ancora residenti perché il comune gliela negava. In un'assemblea tenuta nel 1960 fu calcolato che il comune risparmiava un miliardo al mese non riconoscendo i non residenti delle borgate. Un altro aspetto molto importante è quello politico, usato dalla Democrazia Cristiana; non essendo cittadini i borgatari non possono votare, mentre una massa di certificati elettorali restano per essere usati nei loro comuni nativi che vanno a suffragio della maggioranza democristiana.

Durante la guerra l'afflusso verso Roma continua soprattutto durante il 1942, quando la città viene proclamata "Città aperta". Dopo la guerra l'incremento aumenta creando la speculazione edilizia per far fronte alla mancanza di case abitabili. Nel 1956 Roma, senza i non residenti, ha 1.883.134 abitanti. Il nuovo governo democratico invece di sfrattare la popolazione, costruisce le INA-case per i quartieri popolari che assumono subito aspetti decadenti a causa del cattivo materiale usato. Queste nuove case vengono assegnate agli impiegati statali e comunali. Un'indagine dell'Ufficio di statistica del comune condotta il 12 ottobre 1957 rileva ben 13.703 famiglie con 54.576 persone, suddivise in 28 accantonamenti, 24 borghetti e 356 nuclei e agglomerati di baracche vere e proprie vicino a Roma. La forte immigrazione dalle campagne e l'insufficienza della edilizia popolare respingono sempre piú gli immigrati fuori della città. Bisogna accennare anche alla speculazione edilizia del dopoguerra. Fra le tante speculazioni il caso piú noto è quello sotto il nome Lido di Faro. Un noto imprenditore democristiano comprò un appezzamento di terreno sito nei pressi di Fiumicino per poi dividerlo in piccoli lotti assicurando al compratore che la convenzione con il Comune per la necessaria esecuzione di tutti i pubblici servizi era stata firmata. Il terreno agricolo fu venduto come terreno edificabile e i compratori costruirono senza licenze, cosí quello che doveva essere un nuovo quartiere fuori Roma divenne subito una borgata senza luce, acqua, scuole o fogne. Ci sono altri casi simili come il quartiere della Immobiliare, e quello Talenti a Casal dei Pazzi. Il Comune non fece mai niente per fermare la speculazione. Da queste speculazioni sono nate alcune delle borgate nuove della Roma di Pasolini.

Culturalmente le borgate non sono un gruppo omogeneo, ma molto differenziato. Fra i baraccati ci sono operai che vivono a Roma da anni, cioè prima del fascismo o arrivati durante il fascismo, ma i nuovi baraccati sono i neoimmigrati che lottano per trovare un lavoro e acquisire la cittadinanza. Questa è gente che è arrivata a Roma con una visione fantastica della città, alla ricerca di una nuova vita. A Roma la realtà è diversa, non c'è lavoro, ma soprattutto non ci sono case. I nuovi arrivati devono arrangiarsi nelle baracche, perché anche se ci fossero appartamenti non possono pagare l'affitto. La città rifiuta l'immigrato perché gli nega un lavoro sistematico e a poco a poco nasce l'isolamento psicologico, l'alienazione. L'immigrante sviluppa una visione opportunistica e individualista della società. Non riesce ad entrare organicamente nel nuovo mondo e ne coglie solamente gli aspetti esteriori e reclamistici, nasce la mentalità del rifiuto. Questo processo è colto accuratamente da Pasolini nei due romanzi quando descrive l'entrata nella città dei giovani di vita. La città per loro rappresenta un altro mondo, a loro estraneo. Il baraccante più si rende isolato e più accetta i canoni di vita *standard* della società borghese.

Questa accettazione lo spinge spesso a rubare pur di avanzare nella concorrenza della morale cittadina interpretata a proprio modo. Pasolini ha capito bene questo meccanismo quando Tommasino in *Una vita violenta* si trova una fidanzata e per portarla al cinema la domenica va a rubare.

C'è una differenza molto marcata fra i baraccanti di origine romana o che vivono a Roma da anni, e gli immigrati degli anni '50-'60 che vivono in gruppi e ripetono i modelli di vita dei paesi di origine. Essi, tutti insieme, ricreano l'ambiente paesano seguendone fedelmente la morale e i costumi. A prima vista questo fenomeno sembra positivo perché da conforto e protezione ai baraccati, ma se la città non li accoglie dopo pochi anni l'ambiente diventa chiuso, classista e sospetto del forestiero. Pasolini ha studiato attentamente tutti questi fenomeni diversi delle borgate nella raccolta, *Alì dagli occhi azzurri*, dove spiega gli elementi culturali portati dai paesi nativi diventano gli unici ideali sui quali gli immigrati mantengono una concezione del mondo; talvolta spinti dalla disperazione danno luogo a manifestazioni di cronaca nera e di vendetta patologica. Le borgate mancano di qualsiasi mobilità che possa permettere agli uomini un inserimento nella società; è un mondo completamente statico. Gli unici valori sono i valori sovrastrutturali propri della società capitalista: quali la moto o la vespa, e le scarpe nuove.

Come sono costruite queste borgate? Prediamo quella dove si svolge il primo romanzo, *Ragazzi di vita*, vicino all'Aniene alla periferia del rione Monte Sacro: 50 baracche in cui vivono 70 famiglie. Le baracche sono per il 60% di legno congiunte con ritagli di latta o inchiodate fra loro. Il rimanente 40% è parzialmente costruito in mattoni. Queste appartengono ai lavoratori edili che abitano sul luogo da molto tempo. I tetti sono costruiti con listelli di legno distanti fra loro e coperti da tele cerate, fermate da sassi. Ci sono anche tetti di lamiere di ferrivecchi. Le famiglie che vi abitano variano da un minimo di tre a nove. L'interno delle baracche è quasi vuoto e il pavimento è di terra. Il rapporto fra i membri delle famiglie è molto aspro, conseguente ad una vita materialmente e idealmente molto sofferta. C'è una alta incidenza di malattie infettive, deficitarie condizioni igieniche, di iponutrizione, scarsità di istruzione scolastica e sanitaria, per questo è molto facile ammalarsi e morire. La città considera queste borgate come corpo estraneo e cerca di allontanarle il più possibile o di nasconderle. L'Annuario statistico della città di Roma non menziona nemmeno una volta il termine borgata, che invece appare quasi tutti i giorni sulla cronaca dei giornali. La maggior parte degli uomini nelle borgate lavora nell'industria edilizia e il salario non basta per mangiare. I baraccati mangiano per lo più verdura e ortaggi, pochissima carne fresca o pesce, il che causa delle deficienze nutritive nell'equilibrio alimentare. I giovani di Pasolini hanno sempre fame e hanno delle malformità causate dalla cattiva nutrizione e dalle abitazioni malsane. Le malattie che dominano sono causate da fattori nutritivi e ambientali e fra tutte domina la tubercolosi. Tommaso Puzzilli, in *Una vita violenta*, muore di tubercolosi. Da questo esame delle condizioni di vita delle borgate e della loro formazione storica si può vedere che Pasolini era vermente a conoscenza delle condizioni culturali e ambientali delle borgate e che i suoi romanzi non sono solo un gioco letterario di un artista che voglia ricostruire un mondo da lui immaginato. I romanzi di Pasolini sono allo stesso tempo denucia sociale contro la borghesia incurante della miseria dei baraccati e ricerca artistica per trovare una soluzione linguistica al problema che si presenta allo scrittore che vuole ricreare la realtà di tutti i giorni di un mondo popolare.

Il dialetto romanesco e il gergo borgataro rappresentano una lingua spontanea e viva da usare come contrasto alla lingua italiana. Le borgate romane sono una nazione nella nazione, ricca della forza naturale e irrizionale della vitalità. I giovani borgatari vivono fuori da ogni coscienza sociale e attraverso il dialetto-gergale acquistano una fisionomia tutta propria, tutta sensuale e sgolata, al di fuori della fossilizzazione linguistica e sociale della società borghese italiana.

# CAPITOLO III

## RAGAZZI DI VITA

## UNA OPERAZIONE DI "MIMESIS" LINGUISTICA VISSUTA

Nell'aprile del 1955, Pasolini pubblica il suo primo romanzo, col titolo di *Ragazzi di vita*. Sebbene il romanzo non avesse pretese provocatorie, fu perseguito non solo dai critici letterari, ma anche dalla Guistizia italiana che accusò Pasolini di non rispettare l'ordine del linguaggio costituito.

L'eco della Resistenza aveva fatto balenare molti entusiami di giustizia e di unità popolare, ma a poco a poco questa speranza era diventata pura illusione. Sul finire degli anni '50 la situazione stava ormai evolvendo verso una rumorosa rinascita di una produzione avanguardistica come punto d'arrivo di tutto il lungo periodo del rivisionismo antineorealistico. I documenti tipici di questo periodo furono le riviste del tempo.

La rivista fiorentina, *Quartiere*, nata nel giugno 1958 cercava il rinnovamento della poesia e della sua funzione nella società. A questa rivista parteciparono i poeti della vecchia guardia ermetica come Luzi e Fallacara. In verità sotto questo nuovo pretesto si cercava di riconoscere l'importanza poetica e culturale dell'ermetismo. Altra rivista neoermetica fu la *Chimera* diretta da Luzi. Nel giugno 1954 nacque a Genova sotto la direzione di Mario Baselli la *Nuova Corrente*, che durò fino al febbraio del 1957.

Questa rivista si propose una parziale difesa del neorealismo, ma soprattutto esprimeva l'angoscia esistenziale dei nuovi poeti e si oppose ad un trattamento del reale come mito dello spontaneo e dell'istinto popolano. Essa si oppose soprattutto al marxismo e al P.C.I. e alla sua politica culturale. La polemica anticomunista fu portata avanti da Gianni Scalia che attaccava la letteratura del dopoguerra accusandola di realismo troppo pratico e politico. A tutto ciò reagisce la rivista culturale del P.C.I. diretta da Carlo Salinari e Trombadori che cercarono di difendere la posizione realistica seguendo la linea ideologica marxista e quella metodologica- teorica dominata dal pensiero di Lukàcs e Gramsci.

A tutta questa reazione e controreazione Pasolini cercò di trovare una via di mezzo con la fondazione della rivista *Officina*, che apparse a Bologna nel maggio del 1955, con la collaborazione di Leonetti, Roversi e Fortini. Questa prima fase durò fino al 1958. La seconda fase ebbe inizio nel 1959 ma fu troncata al secondo numero in seguito alla pubblicazione di un epigramma di Pasolini in morte del Papa Pio XII.[1]

Pasolini si staccò un pò dagli altri redattori per la concezione tutta personale del termine "sperimentalismo" o "neosperimentalismo." In due saggi, *Il Neo- sperimentalismo* e *La libert*à stilistica, Pasolini cerca di spiegare la sua posizione come zona franca fra ermetismo e neorealismo e come ricerca impegnata ma non di partito; egli divide i nuovi letterati in tre gruppi:

1) - Neo-sperimentalisti di ordine psicologico, decadentistico ed espressionistico;

2) - Neo-sperimentalismo influenzato dall'ermetismo o genericamente novecentesco;

3) - Neo-sperimentalismo impegnato ideologicamente, senza punte zdanoviane.

Il neo-sperimentalismo si presentava per Pasolini come l'unico tentativo per uscire dall'ermetismo e dal neorealismo attraverso una ricerca della vera realtà storica, sociale e linguistica da contropporre alla lingua borghese del neocapitalismo e a tutta la cultura dell'italiano letterario e accademico. Seguendo la linea critica tracciata da Gramsci e Contini, contrappone alla cultura centralizzata e al canone monolinguistico di origine petrarchesco la tradizione plurilinguistica che da Dante arriva fino al Verismo italiano. Questa sua particolare predilizione per la lingua popolare genera sempre più un'attrazione verso fenomeni sociologici determinati dal neocapitalismo. Di qui il suo amore per le larghe masse contadine agglomerate fuori Roma in cerca di lavoro, masse che vivono in condizione miserabili negli agglomerati di baracche delle borgate.

Questo fenomeno serviva per mostrare il fallimento del progresso borghese che creava un nuovo tipo di sottosviluppo e di condizione umana al di fuori di quella che noi conosciamo come civile. Esso serviva come protesta sociale e denunzia ma anche come ricerca sociologica e filologica su un terreno storico- culturale per Pasolini. Egli si sforza di tradurre l'analisi linguistica in termini ideologico-sociali, per questo il seguente studio sarà soprattutto un trattamento ideologico- linguistico del primo romanzo di Pasolini *Ragazzi di vita*.

Pasolini arrivò a Roma nel 1949 con la madre; proprio in questo periodo iniziò il suo momento piú difficile. Il processo di Casarsa contro di lui per corruzione e atti osceni in pubblico indicano l'assumersi dell'appellativo di "diverso" che lo accompagnerà per tutta la vita. In verità il processo di Casarsa indica l'allontanamento di Pasolini dal Friuli, dal mito dell'infanzia, dall'amore materno e soprattutto l'allontanamento ed espulsione dal PCI per atti osceni e corruzione. Il mito del Friuli e del dialetto friulano avevano dato vita a tutte le attività intellettuali del nostro fino al 1949, le quali saranno discusse nel quarto capitolo. A Roma Pasolini è costretto a ricominciare la propria esistenza come un escluso dalla vita normale. Il romanesco si presenterà alle sue orecchie come lingua straniera lontana da quella materna di Casarsa e la vita delle borgate romane si presenterà come un incontro-scontro con un mondo estraneo ed affascinante. A Roma Pasolini prende casa in borgata a Ponte Mammolo, vicino al carcere di Rebbibbia, in una casa molto povera, senza lavoro e speranza. In questa sua nuova esperienza matura la sua narrativa e ideologia, e nasce la sua nuova poetica non piú basata sul dialetto come lingua pura ed arcaica, ma sulla realtà che lo circonda.

> Roma nella mia narrativa ha quella fondamentale importanza...in quanto violento trauma e violenta carica di vitalità, cioè

esperienza di un mondo e quindi in un certo senso del mondo. Nella narrativa Roma è stata la protagonista diretta non solo come oggetto di descrizione o di analisi, ma proprio come spinta, come dinamica, come necessità testimoniale.[2]

L'arrivo di Pasolini a Roma era stato preceduto dall'improvvisa espulsione dal partito comunista che l'aveva lasciato tramortito e sgomentato. In breve tempo tutti i suoi nuclei vitali erano stati distrutti: il suo rapporto con la madre, distrutto dall'ammissione in pubblico della propria omossessualità; il legame con il Friuli dal quale veniva cacciato dopo i fatti osceni di Ramuscello; infine il suo rapporto con il partito al quale si era iscritto contro il volere della famiglia e della propria classe sociale. Pasolini si era iscritto al partito restando sempre cosciente di essere un intellettuale borghese. In un intervento al primo congresso del partito a Pordenone (1949), Pasolini aveva detto sul tema:

> Esiste una nuova cultura, una cultura progressiva? Questa è la domanda che mi porrebbero l'operaio e il contadino: ma è una domanda prematura. In Italia la cultura è ancora borghese, perché la società è borghese. Contro questa cultura borghese si sono schierati molti dei letterati e dei pensatori italiani, ma non si può dire che la loro posizione sia del tutto chiara e la loro critica definitiva, in quanto, nati ed educati in una società borghese (e anzi per la maggior parte provenienti dalla piccola borghesia), conservano delle abitudini e delle attitudini che sono ancora borghesi. Del resto non si può pretendere da essi se non proprio questo atteggiamento "critico", in questo impegno di rinnovamento che in sede polemica ha già dato molto, in sede creative, invece, è ancora molto incerto. Ora ciò che si richiede all'intellettuale non è una cosa facile né comoda: si tratta di una rinuncia. Compia pure anch'egli quell'esame introspettivo, diaristico che è poi la ginnastica vitale dell'uomo di pensiero, sia pure soprattutto e immensamente individuo, senza che non è possibile essere artisti; ma cerchi di essere, in questo suo lavoro, più oggettivo e più, diciamo pure, cristiano: si collochi nella storia umana. Da principio questo suo storicismo non sarà magari fedele al marxismo-leninismo, presupporrà dello idealismo, del cattolicismo, dell'anarchia, dello umanitarismo, ma anche della vita, della volontà di rinnovamento. Ed è questo, io credo che si

pretende oggi dal letterato: e questo che in fondo Bandi e Marchesi volevano dire quando affermavano che il letterato comunista doveva essere completamente libero di fare ciò che voleva in letteratura e un leale compagno in politica.[3]

Pasolini si sentiva veramente un vero compagno leale, politico che si dibatteva nelle proprie contraddizioni di intellettuale borghese; per questo quando il comitato del partito pronunciò la sua espulsione egli si sentì tradito. Nella lettera scritta al compagno Ferdinando Mantino prima di lasciare il Friuli per andarsene a Roma si può sentire lo stato di sconvolgimento in cui si trovava:

> ...Mia madre ieri mattina è stata per impazzire, mio padre è in condizioni indescrivibili: L'ho sentito piangere e gemere tutta la notte. Io sono senza posto, cioè ridotto all'accattonaggio. Tutto questo semplicemente perché sono comunista. Non mi meraviglio della diabolica perfidia democristiana; mi meraviglio invece della vostra disumanità; capisci bene che parlare di deviazione ideologica è una cretineria. Malgrado voi, resto e resterò comunista, nel senso piú autentico di questa parola. Ma di che parlo io in questo momento non ho avvenire. Fino a questa mattina mi sosteneva il pensiero di avere sacrificato la mia persona e la mia carriera alla fedeltà o un ideale; ora non ho piú niente a cui appoggiarmi...Per questo ho tradito la mia classe e quella che voi chiamate la mia educazione borghese; ora i traditi si sono vendicati nel modo piú spietato e spaventoso. Ed io sono rimasto solo col dolore mortale di mio padre e mia madre.[4]

Con questo senso di umiliazione e isolazione Pasolini arriva a Roma dove deve continuare a vivere con il marchio di diverso e nella povertà. A Roma Pasolini si sente solo e insicuro. Allo stesso tempo attraversa un periodo doloroso, ma anche di crescita intellettuale.

Nella sua poesia, "Pianto della scavatrice", Pasolini descrive questa nuova maturità che va sempre crescendo, lui sta imparando "ciò che allegri e feroci/ gli uomini imparano bambini, ad essere duri e pronti, ad avere il mondo davanti agli occhi e non soltanto in cuore.[5] Anche dalla lettera scritta all'amica Silvana Ottieri, si può vedere chiaramente come sia ancora traumatizzato dai fatti appena accaduti.

Sai abito vicino al ghetto...giudicarmi ancora non mi riesce, neanche, come sarebbe facile, giudicarmi male, ma penso che fosse inevitabile... Ora qui a Roma, basta che mi metta alla macchina da scrivere perché tremi e non sappia piú nemmeno pensare: le parole hanno come perso il loro senso... Io non so di preciso cosa intendere per ipocrisia, ma ormai ne sono terrorizzato. Basta con le mezze parole, bisogna affrontare lo scandalo, mi pare dicesse San Paolo... - Io credo—a questo proposito—di desiderare di vivere a Roma, proprio perché qui non ci sarà né un vecchio né un nuovo Pier Paolo. Uno normale può rassegnarsi—la terribile parola —alla castità, alle occasioni perdute: ma in me la difficoltà dell'amare ha reso ossessionante l'organo, quando, adolescente, l'amore pareva una chimera irragiungibile: poi quando con l'esperienza la funzione ha ripreso le sue giuste proporzione e la chimera è stata sconsacrata fino alla piú miserabile quotidianità, il male era ormai inoculato, cronico e inguaribile: Qui A Roma posso trovare meglio che altrove il modo di vivere ambiguamente, mi capisci? e, nel tempo stesso, il modo di essere compiutamente sincero, di non ingannare nessuno, come finirebbe col succedermi a Milano... Ho intenzione di lavorare e di amare, l'una cosa e l'altra disperatamente—Ma allora, mi chiederai se quello che mi è successo—punizione, come tu dici giustamente—non mi è servito a nulla. Si, mi è servito, ma non a cambiarmi tanto meno a redirmermi: mi è servito a capire che avevo toccato il fondo, che l'esperienza era esaurita e che potevo ricominciare daccapo senza ripetere gli stessi errori, mi sono liberato dalla mia riserva di perversione malvagia e fossile, ora mi sento piú leggero e la libidine è una croce, non piú un peso che mi trascina verso il fondo...La mia vita futura non certo quella di un professore universitario: ormai su di me c'è il segno di Timbaud, o di Campana o anche di Wilde, ch'io voglia o no, che gli altri lo accettino o no. E una cosa scomoda, urtante e inammissibile, ma è cosí; e io, come te, non mi rassegno. Da certe tue parole,... mi par di capire che anche tu, come molti altri, sospetti dell'estetismo o del compiacimento nel mio caso. Invece ti sbagli, in questo ti sbagli assolutamente. Io ho sofferto il soffribile, non ho mai accettato il mio peccato, non sono mai venuto a patti con la mia natura e non mi ci sono neanche abituato... La mia omosessualità era in piú, era fuori, non c'entrava con me. Me la sono sempre vista accanto come un nemico non me la sono mai sentita dentro.[6]

Questa lettera testimonia appieno lo stato d'animo con cui Pasolini si trovava ad affrontare quel periodo di gravi difficoltà economiche ed esistenziali, in un mondo così diverso dal Friuli.

Pasolini dice che nei primi mesi del '50 era a Roma con sua madre ed erano andati a abitare a Ponte Mammolo; già nel cinquanta aveva cominciato a scrivere le prime pagine di *Ragazzi di vita*. Era disoccupato, ridotto in condizioni di vera disperazione. Ma a poco a poco Pasolini riesce a superare la crisi, la sua coscienza incomincia a maturare e si accosta al mondo che lo circonda e lo mette al centro della propria vita. Proprio in questo inferno romano Pasolini allontana la visione idillica del tempo passato nel Friuli e va verso il popolo romano. Questa andata al popolo produce anche un elaboratissimo studio filologico della lingua delle borgate romane dal quale nasceranno i due romanzi, *Ragazzi di vita*, e *Una vita violenta*.

In un'altra lettera a Silvana Ottieri scrive:

> Sono due o tre anni che vivo in un mondo dal sapore "diverso": corpo estraneo e quindi definito di questo mondo, mi ci adatto con presa di coscienza molto lenta. Tra ibseniano e pascoliano (per intenderci...) sono qui in una vita tutta muscoli, rovesciata come un guanto, che si spiega sempre come una di queste canzoni che una volta detestavo, assolutamente nuda di sentimentalismo, in organismi umani così sessuali da essere quasi meccanici; dove non si conosce nessuno degli atteggiamenti cristiani, il perdono, la mansuetudine, ecc. ... e l'egoismo prende forme lecite, virili... Nel mondo settentrionale dove io sono vissuto, c'era sempre, o almeno mi pareva, nel rapporto tra individuo e individuo, l'ombra di una pietà che prendeva forme di timidezza di rispetto, di angoscia, di trasporto affettuoso ecc... per vincolarsi in un rapporto di amore bastava un gesto, una parola. Prevalendo l'interesse verso l'intimo... Qui tra questa gente ben più succube dell'irrazionale, della passione, il rapporto è sempre invece ben definito, si basa su fatti più concreti; dalla forza muscolare alla posizione sociale...[7]

Pasolini si lascia trasportare in questa nuova realtà per collegarsi con essa in una prospettiva, cercando di trasformare la società attraverso la scoperta della realtà storica esistente nelle borgate romane. Pasolini può identificarsi con le borgate romane, con i ragazzi che ci vivono con virile accettazione del proprio destino, rinunciando al rapporto madre-lingua che aveva portato avanti le sue poesie e il lavoro intellettuale nel Friuli.

L'impalcatura completa del romanzo, *Ragazzi di vita*, è il rifacimento dei primi appunti e studi sull'ambiente popolare romano dopo l'arrivo di Pasolini a Roma, che sono stati pubblicati da Pasolini stesso nel volume *Alì dagli occhi azzurri*, nella parte iniziale sotto i titoli di *Squarci di notti romane, Notte sull'ES, Studi sulla vita del Testaccio, Appunti per un poema popolare*, e *Dal vero*. In questi appunti si sente l'influenza del mondo poetico del Belli: solo più tardi Pasolini capisce che il centro del romanesco parlato non è più Trastevere, ma si è spostato lungo la fascia delle borgate in cui i caratteri romani del Belli si sono mescolati con quelli dell'emigrazione meridionale creando un mondo a parte completamente diverso e autonomo nel senso culturale-linguistico da quello borghese della capitale. Data la struttura stessa del romanzo e la lavorazione che l'ha preceduto è molto difficile parlare di un vero e proprio romanzo come unità e struttura; a prima vista potrebbe quasi sembrare un insieme di racconti a se stanti, come sembra affermare Asor Rosa che parla di forma saggistica e non narrativa.[8] In realtà il romanzo, sebbene abbia una struttura molto complicata e poco lineare, è collegato ed unito da uno stesso movente che serve come spunto ad ogni azione dei vari episodi: la ricerca del denaro da parte dei giovani di vita. Anche l'unità d'azione è mantenuta da Pasolini, con un espediente romanzesco che riporta l'azione sempre al punto di partenza, cioè le borgate stesse. Lo scrittore cerca sempre di rendere l'azione più interessante aggiungendo degli episodi che accadono senza spiegazione. In essi i personaggi muoiono e con la morte acquistano una importanza che prima non avevano; solo la morte può valorizzare una vita inutile.

Allo stesso tempo aiutano a far scamparire alcune figure che non servono più per lo svolgimento del racconto e danno all'azione un interpretazione ideologica. Nel suo insieme il romanzo non descrive caratteri individuali, ma piuttosto caratteri generali delle borgate romane. Dopo uno studio approfondito Pasolini ha colto gli aspetti piú vivi e significativi dei giovani romani, con la loro filosofia disincantata e pronta all'esibizionismo esteriore e facile. Questo mondo permette al poeta di polemizzare con il mondo borghese e con il potere dello stato che ha emarginato da ogni sviluppo questa gente che vive in condizioni di vita completamente diverse da quelle della società borghese.

Questo mondo isolato e chiuso che esiste a pochi chilometri dal centro di Roma offre anche a Pasolini un'alternativa alla ipocrisia piccolo-borghese e un'alternativa all'assunzione di valori e di modelli di comportamento già artefatti del mondo borghese.

Il romanzo si compone di nove capitoli dove i ragazzi di vita agiscono secondo la dialettica guadagno-perdita che serve anche come legame della narrazione stessa. La struttura del romanzo si presenta molto difficile da riassumere a causa dell'elemento corale che presenta e cerca di riunire i ragazzi delle borgate romane. Gli otto capitoli si basano su storie parallele ed episodi che accadono ai vari ragazzi, ma che possono essere interpretati come esempi tipici di questo livello di vita dominato dagli istinti primari: la fame e il sesso.

Alla ricerca di appagare questi istinti i giovani esercitano la loro capacità di furberia e di crudeltà, salvo poi, al contrario, mostrano la loro faccia sprovveduta e ingenua quando il denaro, ricavato dal furto o dal vizio, viene sottratto da altri, piú agguerriti concorrenti alla lotta per la vita.

L'azione comincia verso la fine della guerra, alla periferia di Roma, a Monteverde, dove tutti saccheggiano la fabbrica Ferro-Beton, chiamata dai ragazzi, "Ferrobedò". Facciamo l'incontro di Ricetto che invece di fare la prima comunione va anche lui al saccheggio con gli amici, Agnolo e Marcello, ma arrivano i Tedeschi e tutti scappano. Piú tardi rubano 500 lire ad un cieco e con i soldi prendono a noleggio una barca e se ne vanno a galleggiare sul Tevere. Qui Ricetto salva, rischiando la vita, una rondine che sta per affogare.

Il secondo capitolo inizia nell'estate del 1946, sono passati due anni dall'inizio del racconto, Ricetto, in cerca di denaro si unisce a certi Napoletani che praticano il gioco della cartina. La società guadagna bene, ma non dura molto perché i Napoletani vengono arrestati, solo Riccetto si salva con tutti i soldi, con i quali va ad Ostia dove si svolge l'iniziazione sessuale del Riccetto con la prostituta, Nadia. A questo punto si inserisce la storia di Marcello, amico di Riccetto, che si reca all'abitazione di Riccetto. Qui avviene il primo dramma improvviso assolutamente immotivato, del crollo della casa e la morte della madre di Riccetto. Rinviamo alla parte critica la spiegazione di questi episodi.

Il terzo capitolo inizia l'adolescenza di questi ragazzi e soprattutto di Riccetto rimasto solo. È passato un anno dal crollo del palazzo e Riccetto si è trasferito con lo zio a Tiburtina. Anche in questo capitolo i ragazzi, sempre in cerca di soldi, vendono una poltrona e con le 15 mila lire ricavate vanno a rinnovare il guardaroba e si avventurano nelle vie di Roma. Durante l'avventura incontrano un altro gruppo di giovani come loro che durante la notte rubano i soldi a Riccetto e all'amico, Caciotta. Questi ultimi non si perdono d'animo e rubano il borsellino ad una signora.

Nel quarto capitolo incontriamo un altro personaggio, Amerigo, che forza Riccetto e Caciotta a seguirlo, usando la sua schiacciante superiorità fisica, al gioco della zecchinetta. Amerigo gioca e perde tutti i soldi dei due ragazzi. Riccetto desolato sfugge l'arrivo dei Carabinieri e torna verso Roma dove incontra un altro ragazzo come lui, un certo Lanzetta che gli somiglia molto.

Nel quinto capitolo Alduccio, Lanzetta e Riccetto organizzano un furto ad un deposito di materiali di un'officina. Dopo il furto incontrano un vecchio e fanno subito amicizia perché sono venuti a sapere che ha tre figlie in età, dalle quali credono di poter trarre godimento. Riccetto conosce due ragazze e si fidanza con la piú brutta, Irene, ed accetta l'ipocrisia del fidanzamento che lo costringe a rubare di piú per portare l'amica al cinema. Durante uno dei furti Riccetto viene quasi arrestato per essere poi preso dalla polizia nel suo rifugio.

Il sesto capitolo incomincia dopo la uscita di prigione di Riccetto, dove ha imparato la morale utilitarista della società. Il capitolo si svolge lungo le rive del fiume Aniene dove i ragazzi fanno il bagno. Fra le grida e il rumore entrano in scena tre ragazzini, i fratellini di Ponte Mammolo che diventeranno i protagonisti della fine del libro. Durante questo capitolo accade un altro episodio: la lite fra i cani che discuteremo nella parte critica del capitolo.

Il settimo capitolo ci porta nelle case di alcuni di questi giovani. I personaggi sono Alduccio e Begalone, e per mezzo di loro entriamo nel dramma familiare che questi giovani si portano dietro. Durante il loro cammino per le strade di Roma incontrano Riccetto e il suo ritorno in scena serve al narratore per introdurre un episodio ideologico che sarà trattato dopo con l'appellativo "Donna Olimpia."

Nell'ultimo capitolo siamo di nuovo sulle rive dell'Aniene che permette al narratore di riportare tutti i personaggi incontrati in scena per chiudere il romanzo.

Incontriamo i fratellini che sono scappati da casa. Uno di essi nella ricerca della propria indipendenza e maturità cerca di attraversare il fiume, e chiude il romanzo con la propria morte e con la morte morale di Riccetto che vedendo Ginesio morire non fa niente per salvarlo.

Sull'aspetto sociologico del romanzo non c'è niente da criticare, perchè tutti sono stati d'accordo sul lavoro di documentazione scientifica operato da Pasolini intorno a usi, ambiente e linguaggio del sottoproletariato di borgata. Pasolini non ha inventato niente né personaggi né ambiente, la sua ricostruzione di un mondo sociologico e integrale si basa sugli istinti: fame e sesso che per essere appagati spingono alla ricerca del denaro.

Per un analisi critica dell'opera bisogna analizzare e capire perché Pasolini ha scritto questo romanzo, cioè studiare l'ideologia dello scrittore e il suo lavoro filologico di ricostruzione linguistica del gergo ristretto della borgata la lingua del romanzo e l'ideologica della sua formazione sono legate dalla prassi ideologica dello scrittore.

Ormai Riccetto si è integrato nel mondo del consumo; non partecipa piú con gli altri, ma vive una vita a parte. Pasolini perde la sua oggettività naturalistica e rivela il suo risentimento verso il giovane, infatti non usa piú diminutivi per descriverlo, ormai i gusti e le aspettazioni di Riccetto sono di marca piccolo-borghese e per questo odiate da Pasolini. La morte di Genesio funziona anche da contro misura all'integrazione di Riccetto ed ha un valore molto intimo e personale per l'autore. Il fratello di Pasolini. Guido, fu ucciso in circostanze misteriose dai partigiani di Tito durante i fatti sanguinosi di Panzùs nel 1945. La morte del fratello lasciò Pasolini e soprattutto la mamma sconvolti e Pasolini continuò sempre a riflettere su quella morte innocente come lui soleva descriverla.

La morte innocente assume quasi il valore di un sacrificio doloroso ma necessario anche se a volte non si può spiegare a parole. Solo la lucidità critica che distrugge i sentimenti e va a fondo nelle cose, dentro la loro segreta e inalienabile verità può capirla. Questa interpretazione può apparire troppo sentimentale e forse anche piccolo-borghese, ma bisogna cercare di afferrare lo stato d'animo di uno scrittore che cerca di essere oggettivo, cerca di entrare in una nuova cultura, ossia una nuova interpretazione intera della realtà attraverso il marxismo, ma che resta borghese di formazione culturale, di gusto. Genesio come Guido muore per una causa ancora da capire pienamente ma che deve forzare a riflettere sulla vita.

Per un commento critico linguistico del romanzo bisogna riconoscere che in realtà non abbiamo un linguaggio compatto di dialetto, ma un insieme di gergo romanesco tipico delle borgate romane. Una volta scelto il contenuto, cioè la vita degli adolescenti del sottoproletariato romano, in che lingua farli parlare? Si può tradurre in quella koinè che normalmente si chiama lingua franca, o bisogna che l'autore retroceda nella cultura del personaggio preso come argomento e tentare una mimesi completa del suo modo di parlare ed esprimersi? In questo consiste l'innovazione linguistica di Pasolini; i giovani devono esprimersi direttamente. Seguendo la propria teoria dell'espressionismo linguistico, Pasolini ripete attentamente quello che i giovani dicono, altrimenti sarebbe come rimproverare loro di esistere, cioè negare la loro cultura e la loro espressività. In una intervista rilasciata nel 1959, Pasolini spiega questa sua posizione:

> Il romanzo deve essere pura, immediata, violenta fisicità... Io non attribuivo al linguaggio delle cose, qualità meccaniche o magiche: ma un significato storico inconscio esteticamente e irriflesso: e, con ciò, niente affatto irrelato. La vita pratica anche piú misera si svolge sempre a un livello culturale: e, previa a ogni operazione estetica, ha da essere quell'operazione ideologica su cui ho qui spesso insistito. Ma questo è il problema: conciliare una ideologia nuova con un mondo stilistico già collaudato, assimilato. Perché nel "far parlare le cose" (nel senso che dico io) cessa l'operazione del filosofo, del sociologo, dello psicologo, e interviene l'operazione letterario-specialistico, tecnico.[9]

L'operazione ideologia alla quale Pasolini si riferisce determina la lingua del romanzo e presenta una soluzione tutta personale al problema che deve affrontare uno scrittore colto e sofisticato per creare un romanzo nazionale-popolare. L'operazione ideologica che lui affronta viene presentata anche al lettore che per capire il romanzo deve conoscere o consultare un vocabolario dialettale per capirlo. Anzi, deve conoscere o familiarizzarsi con il gergo delle borgate. Da questa operazione nascono le accuse di turpiloquio mossegli dalla borghesia. Egli dal canto suo può benissimo rispondere che il lettore deve compiere la stessa operazione da lui fatta ed immergersi nella nuova realtà, rappresentata dalle borgate. Come risultato abbiamo un linguaggio misto che si può raggruppare su tre registri diversi: da una parte i giovani che parlano in gergo-dialetto, dall'altra l'italiano dello scrittore e in mezzo i brani di contaminazione nei quali lo scrittore mescola il suo italiano lirico-descrittivo a parole dialettali o gergali. Questa operazione richiede le più abili e accanite ricerche stilistiche e per questa ragione bisogna rinunciare ai pregiudizi di classe, ma allo stesso tempo bisogna conoscere bene la cultura dei personaggi trattati. Pasolini parte dalla scoperta di una nuova realtà sociale ed esistenziale; e dal rifiuto di esprimerla mediante il suo italiano di scrittore borghese, compie una operazione ideologica, stilistica e una ricostruzione sociologica e filologica di un altro mondo. Da questo suo lavoro minuto nascono anche i difetti del romanzo. Si sente sempre la mano dello scrittore che con precisione folkloristica e scientifica riporta la parlata delle borgate e con essa il loro stato psicologico. Non possiamo muovere accuse a Pasolini, perché è riuscito nel suo intento, cioè di ricreare un mondo a lui, scrittore ben educato e sofisticato, sconosciuto e affascinante, ma dal punto poetico non è riuscito a dar vita completa e integrale a questo mondo. Veramente non so se questi giovani abbiano una vita psicologica limitata come quella che ci appare attraverso il romanzo. Forse Pasolini conoscendo questi giovani meglio di me è riuscito veramente a registrare non solo la lingua, ma anche la mancanza dello spessore psicologico intellettuale. Come lettore critico del romanzo questi giovani mi sembrano tutti uguali, non solo come personalità, ma anche linguisticamente. Il loro modo di esprimersi è molto ristretto, c'è molta povertà semantica sebbene usino tante parole diverse per esprimere la stessa cosa. Per esempio, una prostituta viene chiamata battona, battuta, bestia, ciumaca, puttana, cagna, mecca, scaja, scausa, strappona e fardona. Non conoscendo le diverse sfumature linguistiche del vocabolo, forse molti lettori perdono i diversi valori semantici dell'uso. Ognuno però coglie il valore e l'importanza socio-culturale della ricerca pasoliniana. I borgatari vivono al più basso livello sociale possibile e per questo il loro linguaggio è ricco di tanti vocaboli per descrivere una prostituta, che in tale società molto spesso è vittima della miseria e della fame e dello sfruttamento da parte dei "papponi". Quello che conta è proprio il fatto che Pasolini voleva proprio questo risultato menzionato per forzare il lettore a staccarsi dal suo mondo linguistico cristallizzato e scoprirne un altro più vivo perché più naturale e spontaneo. Insomma, il lettore o critico non può respingere l'operazione linguistica pasoliniana solo perché non capisce la carica semantica del gergo, e perciò negarla come inesistente, ma deve ammettere che il recupero filologico del gergo è anche recupero poetico, sebbene non sia quello che tradizionalmente ci si aspetta. Se c'è un limite nell'operazione linguistica pasoliniana, è dovuto all'intensità e alla totalità con la quale egli si è proposto di ricreare artisticamente una realtà storica e sociale.

Se pensiamo al Verga, perché il romanzo *Ragazzi di Vita*, è stato paragonato, grosso modo, ai *Malavoglia*; come romanzo corale non riuscito delle borgate, vediamo delle differenze grandissime. Da una parte Giovanni Verga, che non sapeva parlare italiano, e lentamente studiando, leggendo, andando a Milano e Firenze ha imparato un italiano ricco di sfumature e colorito siciliano. Con Verga abbiamo l'esempio di uno scrittore nella faticosa ricerca di una lingua che non sia dialetto, per esprimersi. Nel suo studio sulla lingua di Verga, Luigi Russo ha messo pienamente in mostra il faticoso processo dello scrittore per impadronirsi di una lingua nazionale. Nella lingua dei *Malavoglia*, l'italiano viene abbassato ad una sintassi e una fonetica sicilianizzante. Questa verità non è una accusa verso Verga, ma l'annotanzione di un processo angoscioso di un artista che vuole staccarsi dal dialetto. Infatti il Verga riesce a creare un linguaggio unico nella letteratura italiana, facendo parlare i suoi personaggi in una lingua poetica senza usare strutture linguistiche del tutto estranee al popolo siciliano. Con Pasolini l'operazione è invertita. Lui parla italiano dalla nascita, ha ricevuto una educazione italiana a Bologna, ma se ne vuole allontanare, vuole scoprire altri modi per esprimersi. Perché? Secondo lui la lingua nazionale italiana è una lingua libresca, astorica, accademica e cristallizzata dalla tradizione letteraria. Lo scrittore militante deve prenderne nota e riscoprire la purezza che la lingua nazionale ha perso nei libri; la sua è una ricerca stilistica, ma anche ideologica e politica.

Vediamo dal testo come Pasolini mette in atto la sua operazione linguistica. Ho già accennato ai tre registri della lingua del romanzo; cioè quello gergo-dialetto, quello italiano del narratore e in mezzo quello contaminato dai due estremi. Prima di passare all'analisi dell'uso del dialetto nel romanzo vediamo come Pasolini inizi il romanzo. Tutta l'introduzione che precede l'arrivo dei ragazzi è in italiano, al quale Pasolini inserisce vocaboli dialettali:

> Era una caldissima giornata di luglio. Il Riccetto che doveva farsi la prima comunione e la cresima, s'era alzato già alla cinque; ma mentre scendeva giú per via Donna Olimpa coi calzoni lunghi grigi e la camicetta bianca, piuttosto che un comunicando o un soldato di Gesú pareva un pischello quando se ne va acchittato pei lungoteveri a rimorchiare. Con una compagnia di maschi uguali a lui, tutti vestiti di bianco, scese giú alla chiesa della Divina Provvidenza, dove alle nove Don Pizzuto gli fece la comunione e alle undici il Vescovo lo cresimò. Il Riccetto però aveva una gran prescia di tagliare: da Monteverde giú alla stazione di Trastevere non si sentiva che un solo continuo rumore di macchine. Si sentivano i clacson e i motori che sprangavano su per le salite e le curve, empiendo la periferia già bruciata dal sole della prima mattina con un rombo assordante. Appena finito il sermoncino del Vescovo, Don Pizzuto e due tre chierici giovani portarono i ragazzi nel cortile del ricreatorio per fare le fotografie: il Vescovo camminava fra loro benedicendo i familiari dei ragazzi che s'inginocchiavano al suo passaggio.[10]

Nella citazione della prima pagina abbiamo *Pischello*, vocabolo del gergo borgataro. *Acchittato* e *rimorchiare*, due vocaboli dialettali romani, insieme con *sprangavano* e in fine "prescia di tagliare", espressione romanesca usata anche dal Belli. Appena che uno dei ragazzi apre la bocca per rivolgersi a Riccetto il dialetto romanesco esplode con tutta la sua espressività; "Aoh, andò vai?". Pasolini riesce nel suo intento, che è proprio di sbalordire il lettore. Uno dei ragazzi grida a Riccetto, "Vie a casa mia, no, a fijo de na mignotta". La frase gridata fa sorridere il lettore, allo stesso tempo può anche offendere i puristi, ma qualsiasi sia la reazione il lettore non può fare a meno di prenderla in considerazione. Essa esce quasi dalla pagina, anche perché abbiamo una transizione di tempi, dal passato remoto, usato dal narratore, al presente nel bercio del ragazzo. Questo cambiamento di tempo avviene tutte le volte che Pasolini passa dal discorso narrativo al discorso diretto dei gridi dei ragazzi. Il dialetto è usato tutte le volte che i giovani parlano cioè, nel dialogo. Pasolini è stato molto abile nel ricostruire le forme stereotipate dei ragazzi. Una forma tipica è quella della interrogazione rafforzata da un "che" finale, che si trova quando i giovani fanno una domanda. A pagina 106, Riccetto dice "me conoscci, che?"— "Nun ce l'hai fatta, che?". Si noti anche che questo linguaggio è orale, cosí, con due ci. Un altra caratteristica del dialetto è la ripetizione della parte iniziale di una frase o il verso iniziale, per esempio; "Mo te do un carcio, in faccia mo" (p. 194), oppure "Je ceco l'occhi je ceco" (p. 193). Queste forme sono in verità aspetti esteriori del dialetto e sono anche usate dal resto dei Romani e non solo dai borgatari. Altre forme stereotipate del dialetto sono "ammazza", "an vedi", "daje", e "aoh" o semplicemente "a". La preposizione "a" viene usata con funzione fatica per incominciare a parlare con qualcuno, per esempio, Riccetto parlando al maestro dice "a sor maestro". Il dialetto è usato nel susseguirsi delle battute dei giovani e diventa piú ampio quando i giovani si insultano. Nell'insulto in alcuni casi la fantasia dei giovani contamina la cultura borghese e cittadina a loro estranea:

> Qui pisci? gli gridò il Caciotta che si stava a levare i pedalini un po' piú in basso. "Mo vado a piscià in via Arenula", disse il Begalone, "a sonato". (p. 155)

Spesso però, il dialogo non è altro che un'esclamazione, che rimane chiusa, circoscritta all'insulto gridato, a volte ripetuto da un altro ragazzo:

> ...Il Begalone andò sotto lo scolo bianco della varecchina a bagnarsi.
> "Quella te ce vole!" gridò il Caciotta.
> Il Begalone con le mani a imbuto, voltando appena la testa gli rispose gridando dall'altra riva:
> - Viecce a lava tu sorella!
> - A caccolaso! - fece il Caciotta.
> - A sgarato'n c...! - rispose il Begalone. (p. 156)

Questa forma diretta di riportare il dialogo è molto elementare e il discorso non rappresenta un dialogo, ma la rappresentazione immediata dei sentimenti. Il bercio dei ragazzi è espressivo, ma nel dialogo la domanda e la riposta restano riciprocamente indipendenti e sullo stesso piano linguistico. Insomma, esso non aggiunge niente di personale, di individuale al parlante, solo in alcuni casi che vedremo piú tardi abbiamo dei berci piú individualizzati. Pasolini è ben consapevole di questo, perciò è forzato ad aggiungere un aggettivo e piú raramente un avverbio per spiegare l'atteggiamento interiore dei personaggi. Questa operazione a volte riesce, altre volte Pasolini usa aggettivi di provenienza culturale, cioè non appartenenti alla formazione culturale dei ragazzi, il che aggiunge un contrasto molto stonato col comportamento del personaggio:

> - E buttecete! - gridò *ironico* lo Sgarone al Caciotta...
> - A stronzo, me impari te, me impari.-
> disse il Caciotta *scuro* in faccia.
> -....A Genè, a Genè,- invocava Mariuccio *spaventato*

Si noti il contrasto quando Pasolini usa aggettivi presi dal linguaggio letterario:

> - 'A vedi quello?- aggiunse il Riccetto urlando con *aria didascalica* (p. 121)
> oppure Riccetto cantava *filosoficamente* (p. 103) Riccetto parla con *voce patetica* (p. 187) Riccetto fa una passeggiata *per ragioni sentimentali* (p. 232)

Quando il rapporto psicologico fra i personaggi deve essere approfondito Pasolini ricorre ad un procedimento mimetico minuzioso, infatti non riferisce solo le parole e i gesti dei personaggi, ma addirittura i loro pensieri. Tutte le volte che i ragazzi sono chiamati a fornire un pensiero proprio, cioè intimo, Pasolini ricorre al discorso indiretto libero che alterna ai discorsi diretti. Spesso lo scrittore interviene per commentare a sua volta gli eventi o i pensieri stessi dei ragazzi. Qui cade l'obiettività del narratore che non segue piú il modello corale verghiano ma assume una posizione ideologica davanti all'argomento narrato. Pasolini interviene, perché come lui stesso ci ha detto le cose non parlano da se, ma bisogna farle parlare attraverso un'operazione regressiva nelle cose, intese come totalità e compatezza di un certo livello culturale. Nel secondo capitolo del romanzo quando

Il discorso indiretto libero viene usato anche quando i ragazzi raccontano un fatto accaduto loro; qui Pasolini non può usare solo il dialetto, perché esso è limitato solo alle frasi gridate o agli insulti. Il critico, Mazzocchi Alemanni,[11] ha definito questi rendiconti narrativi brani di epica popolare dal punto di vista del contenuto. Ci sono tanti esempi in tutto il romanzo, ma osserviamone uno:

> Siccome che prima avevano cominciato a parlare degli Americani, il Riccetto riprese quel ragionamento. - Sta a sentì sto pezzo!" disse, tutto gaio e mondano. E cominciò a raccontare due o tre pezzi, uno più gajardo dell'altro, sempre del tempo quando c'erano gli Americani, in cui lui figurava sempre il più fijo de na mignotta di tutti. (p. 32)

Questi racconti sono introdotti sempre da "incominciò a raccontare" e riportano quello che i ragazzi hanno fatto usando un linguaggio misto fra italiano e dialetto. Questa soluzione stilistica della contaminazione si trova anche quando il narratore ci racconta direttamente l'accaduto. Parlando della morte di Amerigo, Alduccio dice a Riccetto:

> È morto, è morto- ripetè Alduccio...
> quel cavolo di sera che il Riccetto aveva tagliato dalla casa di Fileni,...Amerigo invece s'era lasciato portare fuori tenuto per braccia da due carabinieri ma appena sul terrazzio li aveva sbattuti contro la parete e aveva fatto un zompo di due o tre metri sul cortile; s'era acciaccato un ginocchio, ma era riuscito lo stesso a trascinarsi avanti lungo il muro del lotto: i carabinieri avevano sparato e l'avevano colto a una spalla, e lui ugualmente ce l'aveva fatta a arrivare fin sulla sponda dell'Aniene; lì stavano quasi per acchiapparlo, ma lui sanguinante s'era buttato in acqua per attraversare il fiume e nascondersi negli orti dell'altra riva, scappare verso Ponte Mammolo o Tor Sapienza. (p. 103)

In questo brano, Pasolini non usa parole gergali, ma un abbassamento della lingua che rispecchi la formazione culturale dei ragazzi. Abbiamo un italiano medio con le espressioni, "cavolo di sera", "tagliare dalla casa", e un verbo dialettale come "zompare". L'aspetto importante del brano è la sintassi. Pasolini usa la paratassi per adeguare il discorso al contenuto e alla persona che parla, che dovrebbe essere uno dei

Riccetto si è unito con dei Napoletani per guadagnare al gioco della cartina, nella conversazione fra Riccetto e il capo dei napoletani abbiamo un esempio del procedimento mimetico menzionato:

> Il Riccetto s'accostò al napoletano che
> stava a mescolare le carte e gli fece:
> - Aòh, permetti na parola?
> - Sì - rispose l'altro allungando la scucchia.
> - Che, sei di Napoli?
> - Sì.
> - Stò ggioco' o fate a Napoli?
> - Sì.
> ... Sì mise a ridere con l'aria di uno che sta combinando un affare, e *pensa fra di se*: - Aòh, mettemise d'accordo, che t'ho da ddi!
> S'asciugò la faccia bagnata di pioggia, giovane tutta rugosa, coi labbroni che gli pendevano a culo di gallina.
> (pp. 25-26)

Qui abbiamo un esempio in cui l'autore riporta le parole, i gesti e i pensieri dei personaggi. Vediamo un esempio di intervento diretto:

> ...- Vaffan..., a Riccè

gli rispose quello. Il Riccetto—era proprio lui quel

> fijo de na mignotta sulla poltrona—corrugò astutamente la fronte, e appannò lo sguardo, calcando il mento contro la gola, con aria di saperla lunga.
> (p. 60)

oppure:

> - E noi forse nun c'annamo a rubbà?- fece sempre per tirarla su di morale, con la sua solita delicatezza, il Lenzetta,- Semo disoccupati, semo!
> p. 137)

Le due frasi "era proprio lui quel fijo de na mignotta" e "con la solita delicatezza" sono interventi diretti dell'autore perché ne personaggio l'avrebbe potuto dirle; esse non rientrano nella delle vicende. Lo scrittore diventa anche lui parte della vi' meglio giudice dei personaggi.

ragazzi: la sintassi si avvicina alla lingua parlata. Solo in una situazione Pasolini lascia parlare in dialetto uno dei ragazzi per raccontare quello che era accaduto a Riccetto con i Polacchi durante la II Guerra Mondiale:

> L'Americani erano boni!... A me me facevano un po' rabbia, però me facevano comodo! Ma li Polacchi li mortacci loro, erano marvagi, ma proprio marvagi sa! Aòh, me ricordo che na vorta, stavo a 'a Teraccia, annavamo a beccà 'a roba ar campo dei Polacchi...
> (p. 32)

Il racconto è piú lungo, ma basta questo brano per mostrare l'uso del dialetto romanesco cittadino "alla Moravia" e non del gergo borgataro.

Da una parte abbiamo l'uso del gergo quando i ragazzi urlano insulti o quando l'autore riporta un battibecco di botta e risposta, nei quali il gergo include anche la fantasia giovanile e popolare.

> Il Lenzetta scherzoso gli paccò una natica.
> - An vedi - disse, - che ber cu...tto!
> - Che ber ca...tto! - corresse il Caciotta.
> - Che te c'ariva de dietro? - chiese quello dell'Acqua Bullicante, il Lenzetta.
> - Come no - fece il Caciotta abbozzando,-
> e ce n'avanza un pezzo pe'r tuo.
> - T'ha fregato- concluse il Negro come dicesse, - amen.
> (pp. 71-72)

L'esempio del brano non è un turpiloquio, ma semplicemente un modo di esprimersi tutto giovanile e spontaneo, dove vince il piú pronto alla battuta.

Pasolini usa l'italiano nelle descrizioni della natura o dei luoghi che non sono legati alle borgate o ai ragazzi. In questi brani si sente tutta l'effusione della vena poetica pasoliniana

> Cominciava a schiarire. Sopra i tetti delle case si vedevano striscioni di nubi, sfregati e pestati dal vento, che, lassú, doveva soffiare libero come aveva soffiato al principio del mondo. In basso, invece, non faceva che ciancicare qualche pezzo di manifesto penzolante dai muri, o alzare qualche carta, facendola strusciare

contro il marciapiede scrostato o sui binari del tram.

    Come le case si allargavano, in qualche piazza, su qualche cavalcavia, silenzioso come un camposanto, in qualche terreno lottizzato dove non c'erano che cantieri con le armature alte fino al quinto piano e praticelli zellosi, allora si scorgeva tutto il cielo: coperto da migliaia di nuvolette piccole come pustole, come bollicine, che scendevano giú verso le cime svanite e dentellate dei grattacieli in fondo, in tutte le forme e tutti i colori. Conchigliette nere, cozze giallognole, baffi turchini, sputi color rosso d'uovo; e in fondo, dopo una striscia d'azzurro, limpido e invetrito come un fiume della terra polare, un nuvolone color bianco, tutto riccio, fresco e immenso che pareva il Monte del Purgatorio.
(p. 147)

Bisogna notare anche la sintassi di questo brano, che è molto piú elaborata e complessa. Ci sono parole dialettali come l'aggettivo *zellosi*, ma quello che conta è il liricismo e il colorismo poetico della descrizione. Le descrizioni del cielo spesso sono ricche di ritmica e metrica e potrebbero essere divise in endecasillabi:

    Da una parte il cielo era tutto schiarito e vi brillavano certe stellucce umide, sperdute nella grandezza, come in una sconfinata parete di metallo, da dove, sulla terra, venisse a cadere qualche misero soffio di vento.
(p. 89)

    In questa descrizione non ci sono termini dialettali, la vena poetica è evidente e serve per mettere in risalto il vuoto che c'è fra la bellezza della natura e il mondo squallido della borgata. Un altro aspetto della ricercatezza linguistica sono le similitudini e le metafore usate da Pasolini. Le similitudini sono sempre usate grottescamente per paragonare i borgatari agli animali. I bambini sono sempre paragonati ad animali da compagnia, ma solo metaforicamente. I giovani sono paragonati a paperelle quando nuotano, oppure a galline o galli quando parlano. Gli adulti sono paragonati a uccelli rapaci, a pitoni e a bacalaccioni. I bambini invece sono paragonati ai cagnoletti, cuccioli, uccelletti oppure metaforicamente cinguettano e sciamano. Per questo gusto grottesco, Pasolini è stato accusato di morbosità e di decadentismo da parte di Asor Rosa e Salinari. Forse c'è qualcosa di vero in queste affermazioni, comunque nelle culture agricole o fra gente che ha lasciato da poco i campi, le metafore o similitudini animalesche e grottesche sono molto usate e comunissime, come si vede benissimo in tutti i romanzi di Verga. Pasolini era a conoscenza di questo perché prima della pubblicazione del romanzo, *Ragazzi di vita*, aveva pubblicato *Il Canzoniere italiano*, raccolta di poesie popolari italiane. A questo gusto popolare si devono aggiungere anche le similitudine che egli usa come "sembra Cristo in Croce", similitudine tipicamente meridionale che i borgatari dovevano conoscere. Per questo non vedo nessuna ricercatezza decadentistica a meno che non sia capito fin da principio l'operazione di ricostruzione stilistica fatta da Pasolini.

In questo romanzo basato sul trinomio della vita sottoproletaria: fame, sesso, denaro, la lingua ha una posizione centrale perché legata alla scelta totale della creazione del romanzo. Pasolini deve ricreare una lingua che si avvicini al contenuto il più realisticamente possibile, perchè non vuole negare l'esistenza di un'altra cultura al di fuori della sua. Allo stesso tempo la scelta del linguaggio è anche una scelta politica e ideologica, che lui usa contro la tradizione letteraria italiana. Risultano tre registri di linguaggi: il gergodialettale, l'italiano usato con vocaboli dialettali, e la contaminazione del dialetto con l'italiano. Il bilinguismo deve servire per mettere a nudo le contraddizioni storiche della nazione e allo stesso tempo per creare una nuova forma d'arte. Le squisitezze linguistiche rimangono perché Pasolini non può rinunciare definitivamente alla sua cultura, mentre le parolacce s'inseriscono non perchè lui vuole creare il turpiloquio, ma perchè le borgate esistono come esistono i borgatari e i loro insulti sono una realtà che non si può trascurare. Per Pasolini, la contaminazione linguistica era necessaria per portare avanti l'eredità del Neorealismo; egli stesso ha risposto ai critici:

> Tutti si giurano puri:
> puri nella lingua... naturalmente:

segno che l'anima é sporca...
sono infiniti i dialetti, i gerghi
le pronunce, perché é infinita la
forma della vita;
non bisogna tacerli, bisogna possederli
ma voi non li volete perché non volete
la storia signori monopolisti della morte...[12]

# CAPITOLO IV

## *UNA VITA VIOLENTA*

## ROMANZO PROGRAMMATICO E MIMETICO

Nell'aprile 1959, Pasolini pubblica presso la casa editrice Garzanti il suo secondo romanzo, *Una vita violenta*. La gestione e la stesura del romanzo abbracciano gli anni di *Ragazzi di vita*, *Le ceneri di Gramsci* e in parte *La religione del mio tempo*. Pasolini stesso dice che la trama del nuovo romanzo gli era stata fulmineamente delineata una sera del 1953/54, quando stava finendo di scrivere *Ragazzi di vita*. Comunque precedentemente Pasolini aveva dichiarato di aver già organizzato nella sua mente, e in parte per inscritto nel 1955, *Una vita violenta*, e di essere arrivato a metà del lavoro nel 1957. A parte tutte queste dichiarazioni fatte dopo la pubblicazione stessa del romanzo, da parte dello scrittore, per noi è importante inserirlo nella sua stagione piú felice e feconda che va dal 1950 agli inizi del 1960. Dalla struttura del romanzo stesso è facile capire che Pasolini è stato influenzato dalla critica fattagli dalla sinistra italiana dopo la pubblicazione del suo primo romanzo. Bisogna dire subito che rispetto a *Ragazzi di vita*, in questo romanzo il mito dei ragazzi di borgata fa il conto con la società e la storia. In questo secondo romanzo Pasolini sente la necessità di affrontare la società ed i suoi problemi, e la struttura del libro stesso risente della programmaticità iniziale del lavoro.

Pasolini era stato accusato, soprattutto da Salinari, di decadentismo culturale, di posizionalismo tattico e di mancanza di prospettivismo socialista per la societa` futura che il comunismo avrebbe creato. Pasolini aveva risposto a quelle accuse con il poema, *Una polemica in versi*:

Buio é quasi il meriggio nel lucore
terreo del coppodé vivace
e del marmo fascista, già incolore

quasi disusata divisa d'orbace
di cinici antemarcia non piú di primo pelo,
in una sporca fotografia; giace

schermato il sole come in un velo
di grassi, di carta carbone,
di polvere alzata dagli urti sul nero

fondo dei tricicli, delle gomme
dei filobus che andando ai semafori
scendono soffici in una pressione

avara, pazzi per mafia
o nevrastenia: e svoltano verdi
per via Quattro Novembre, nell'afa...

È la sera che scende, ancor lontana:
come una tempesta, quando addensa
a un tratto le nuvole, ma le dipana

poi lentamente-della sua violenza
abbandonando in cielo la minaccia.
Scolorato il sole fa piú intensa

la sua luce, e ogni strada, ogni piazza
quasi il silenzio brulica al frastuono
d'una gente, ch'é solo folla, razza.

"L'ora é confusa, e noi come perduti
la viviamo...", mi mormoravi, amaro,
disilluso di ciò che hai avuto

per dieci anni dentro, così chiaro
che tra mondo e mente quasi era un idillio:
e ha la tua stanchezza - un po' volgare -

Una smorfia di vecchio figlio
di immagini meridionali
affamati e vili dietro il cipiglio

di poveri arrivati, d'ingenui dottrinari.
Hai voluto che la tua vita fosse

una lotta. Ed eccola ora sui binari

morti, ecco cascare le rosse
bandiere, senza vento. Hai
quarant'anni, con sorriso e mosse

- come quelle di chi non spegne mai
il vecchio fuoco - giovanili.
E, spento, regredito ai padri, ti dai

a me, con la confidenza dei febbrili
moti dell'amicizia, e con il calcolo
di chi, inconscio, invano non si umili.

E io... io cedo: posso soltanto
appassionarmi, come sempre: pazzo,
che dovrei tacere, non offrire il fianco,

non confessare che sono un ragazzo,
ancora, eternamente indifeso;
che non sempre la passione é grazia.

Lo so, spesso ciò che ho avuto ho reso
con un atto che non é diverso
dall'arsione del lampo al magnesio.

Ho fissato col mio occhio inesperto
diventato atrocemente esperto - umile
fotografo che la notte inerte

batte dietro l'immoto miraggio del costume
gli inutili angoli sperduti
del mondo, con qualche grido, qualche lume,

qualche parola di uomini venduti
nei piú scuri mercati della vita.
Ne ho riportato attestati muti

d'allegria in cuore a una città nemica.
Grande, di questa città, é la notte,
e miseria: mille tilati di scheletrità...[1]

Pasolini usa indirettamente la rivolta d'Ungheria per attaccare la posizione dogmatica degli intellettuali PCI. Cerca per mezzo di un preciso obbiettivo polemico e di una marcata impostazione ideologica di fare un paragone fra la sua posizione di ricerca realistica contro la posizione dogmatica. Come i capi politici hanno tradito il popolo, così i letterati che vogliono un prospettivismo progressista, negano la verità e umiliano il cuore. Negando la verità non hanno saputo conoscere e scoprire il popolo e di conseguenza lo hanno servito in ciò che esso non capiva e non chiedeva. Pasolini sembra dire che solo lui capisce veramente il popolo perché l'ha studiato attentamente come un umile fotografo.

A tale polemica seguì nel numero 6 della rivista, *Officina*, un articolo intitolato "La posizione", dove, quasi a conclusione, Pasolini dice:

> **Quando al posizionalismo per così dire, tattico dei comunisti, o nella fattispecie *dell'Unità* o di *Il Contemporaneo*, sarebbe atto da Maramaldo, in questo momento, inferire. La crudezza e la durezza ideologica-tattica di Salinari, e altri era viziata da quello che Lukács in una intervista concessa a un inviato appunto dall'*Unità* durante i lavori del Congresso del PCUS chiama prospettivismo. L'ingenue e quasi illetterata (e anche burocratica) coazione teorica derivava dalla convenzione che una letteratura realistica dovesse fondarsi su quel prospettivismo; mentre in una società come la nostra non può venire semplicemente rimosso, in nome di una salute vista in prospettiva, anticipata, coatta, lo stato di colore, di crisi, di divisione. L'integrazione figurale per adoperare un termine di critica stilistica richiesta dai comunisti, prima del Congresso, nei testi letterari, anziché attuarsi per un reale valore del mondo come oggetto di conoscenza, si attua per una velleitaria- o romantica o scettica- anticipazione di quel valore. E quindi dideismo, e apriorismo. Quanto più al tatticismo letterario, ero stato evidentemente, e pessimisticamente, frainteso; accusa era molto meno offensiva; implicava la buona fede e non era affatto circoscritta alle operazioni letterarie.**[2]

Tenendo a mente queste dichiarazioni ed il momento critico ed educativo che avevano preceduto la formazione stessa del romanzo, ci diventa più semplice e facile capire come Pasolini punti su un romanzo sociale, con una struttura ottocentesca ed un personaggio principale. Mentre i *Ragazzi di vita* esprimono in complesso l'incontro che ne è la causa diretta, *Una vita violenta* indica lo sforzo di Pasolini di dare una veste ideologica alla sua passione di capire e di penetrare conoscitivamente nel mondo e nella storia. La scoperta di Marx e di Gramsci avevano dato una svolta al dramma personale di Pasolini e segnano la scoperta di un mondo razionale e storico che per capire e penetrare bisogna acquisire un'ideologia:

> Fuori dal tempo è nato
> il figlio, e dentro muore.
>
> E ogni giorno affondo
> nel mondo ragionato,
> spietata istituzione
> degli adulti (...)
>
> (...)
> (...) m'imprigiono
>
> nello stupendo dono
> ch'è ormai solo ragione.
> (...)
>
> La lingua (di cui suona
> in te appena nota,
> nell'alba del dialetto)
>
> e il tempo (a cui ti dona
> la tua ingenua e immota
> pietà) son le pareti.
>
> (...)
>
> Non soggetto ma oggetto
> madre! un inquieto fenomeno,
> non un dio incarnato
>
> con i sogni nel petto
> di ansioso figlio! anonima
> presenza, non desolato
>
> io! M'hai espresso
> nel Mistero del sesso
> a un logico Creato.
>
> Ma c'è nell'esistenza

> qualcos'altro che amore
> per il proprio destino.
>
> È un calcolo senza
> miracolo che accora
> o sospetto che incrina.
>
> La nostra storia! morsa
> di puro amore, forza
> razionale e divina.³

Tale scoperta spinge Pasolini a prendere coscienza del mondo che lo circonda; non si tratta, infatti, solo dell'ampliamento di un dramma privato a condizione collettiva e storica. Questa scoperta inizia il dramma dell'intellettuale borghese in crisi, che odia e ama i suoi vizi, e che sarà un conflitto molto profondo che Pasolini porterà sempre con se fino alla morte. Proprio questo conflitto sarà il nucleo della maggiore opera pasoliniana, e del suo continuo contraddirsi:

> Lo scandalo del contraddirsi, dell'essere
> con te e contro di te, con te nel cuore,
> in luce, contro di te nelle buie viscere;
>
> del mio paterno stato traditore
> - nel pensiero, in un'ombra di azione-
> mi so ad esso attaccato nel calore
>
> degli istinti, dell'estetica passione;
> attratto da una vita proletaria
> a te anteriore, è per me religione
>
> la sua allegria, non la millenaria
> sua lotta: la sua natura, non la sua
> coscienza: è la forza originaria
>
> dell'uomo, che nell'atto s'è perduta,
> a darle l'ebbrezza della nostalgia,
> una luce poetica: ed altro piú
>
> io non so dirne, che non sia
> giusto ma non sincero, astratto
> amore, non accorante simpatia...⁴

Nell'intervista rilasciata da Pasolini nel 1959 su *Nuovi Argomenti*, ci dice:

> Penso che il romanzo debba essere necessariamente oggettivo: l'autore borghese non ne ha forse piú gli strumenti, per farlo, perduti col senso della propria storicità, svaporati nella metastoria intimistico-stilistica. Essere oggettivi, però non significa essere ottocentesco: al positivismo generico che presiedeva al realismo di quel secolo, si è ora sostituita una ben precisa filosofia: quella marxista. ... io credo soltanto nel romanzo storico e nazionale nel senso di oggettivo e tipico. Non vedo come possono esistere d'altro genere, dato che destini e vicende puramente individuali e fuori dal tempo storico per me non esistono: che marxista sarei?[5]

In questo secondo romanzo Pasolini punta il suo lavoro su una storia, con un vero personaggio. Il tentativo di farne un eroe positivo è abbastanza scoperto, ma piú che realismo socialista, Pasolini cerca di attuare poeticamente la sua appena acquisita fede marxista. L'unica possibile ipotesi di lavoro per un intellettuale marxista è di tracciare una via d'uscita per un giovane del sottoproletariato. Il socialismo è l'unico metodo di conoscenza che consenta, ad un borghese impegnato, di porsi un rapporto oggettivo e razionale con il mondo reale e storico. Per questo la vicenda di Tommaso Puzzilli si svolge nella storia, sebbene al livello piú basso. Lo studio di questo capitolo sarà l'analisi di Tommaso attraverso la storia e l'aspetto linguistico del romanzo. Un altro aspetto del romanzo che tratterò sarà la ricostruzione sociologica del mondo del sottoproletariato romano.

Il romanzo potrebbe essere riassunto con le vicende di Tommasino Puzzilli dai tredici anni fino alla morte. Il romanzo incomincia con il protagonista nel villaggetto di baracche vicino ai Monti di Pietralata, che cerca di avere una relazione con il maestro della scuola che è un "frocio". Tommasino viene respinto dal maestro e va a raccontare tutto ai carabinieri. Da quel giorno sarà chiamato dagli amici "spia". La storia riprende nove mesi dopo, Tommasino va in cerca di Lello, un suo amico. Vanno al ballo dove lo scrittore introduce tutti i ragazzi della borgata: Cagone, Nazzareno, il Budda, il Carletto e il Zucabbo. Questi giovani sono un insieme di senza un ideale politico o una coscienza di classe, perciò sono facile preda della retorica fascista e del teppismo, come vedremo più tardi. La scena del ballo si rifà alla quinta parte degli appunti di Pasolini, *Studi sulla vita di Testaccio*, dove lo scrittore aveva annotato scrupolosamente i movimenti e gli atteggiamenti di questi giovani mentre ballano:

> In uno studio per quel "passo di samba
> di Romanino" bisogna anzitutto osservare
> la sua iniziale distrazione: il momento
> in cui non esprime niente, benchè già
> inconsciamente cattivo,... L'espressione
> di Romanino non cambia minimamente. È un attimo; in una discussione vivace - magari mentre Franco accende il fuoco per fondere il piombo, se ne sta chino sui pezzetti di legno lucido - Romanino canta una samba e contemporaneamente ne allude il passo; incrocia le gambe con un lieve scatto, mandando successivamente un piede dopo l'altro a colpire con un gesto sprezzante e appena abbozzato l'aria dietro di lui; mentre tutto il corpo sta proteso in avanti. In quel gesto c'è un interna aria di sfida verso gli altri, verso chi lo sta a guardare: l'esibizionismo è minaccioso, provocante, proprio come nel modello ideale dei fratelli grandi del Testaccio. La presunzione non consiste solo nel considerare se stesso freddamente insuperabile nel modellare quel gesto dell'ultima moda, ma nel sentirsi partecipe di un mondo aggiornato fino all'infiammazione, di condividere con pochi privilegiati un primato irraggiungibile agli altri per definizione, per diritto. D'altra parte l'aria di sfida, necessaria per far tacere negli altri lo istinto a sfottere che sia pure con l'ironica sufficienza del diritto ceda a una tentazione. "Ecchime, stò a ballà - dice l'espressione (se in lui ci fosse, ma appunto con la sua assenza) di Romanino - che? ve fa rabbia? ma quanto siete micchi." Tuttavia l'accenno non dura che un attimo, deve essere una deliberazione, una primizia, una pallida idea di quanto, altre circostanze, con altra gente, in altra atmosfera (nel centro ideale e inimitabile del Testaccio) egli sarebbe in grado di fare? Per ora del resto non è che l'imitazione del modello imposto dai fratelli maggiori, sanguinante di una soggezione che distrugge.[6]

Fra questi giovani piú grandi Tommasino si sente trascurato, per questo cerca di attirare la loro attenzione cacciando fuori una fotografia:

> Era una fotografia piccola, piú piccola ancora di quelle formato tessera, e Tommaso la reggeva per le cimose tra il pollice e l'indice: reggendola bene in alto la voltò verso il Budda e Nazzareno. Era una fotografia di Mussolini, nero in faccia, sotto un berretto con la acquila. "...Ecchelo, chi è stato n'omo!" diceva Tommasino e se lo stava a filare con ammirazione.[7]

Dopo il ballo i ragazzi escono dalla sala e incontrano un altro gruppo di giovani neofascisti appena usciti dalla sezione del MSI, ed insieme incominciano le bravate facinorose. Con altri fascisti, quasi un centinaio, attaccano l'albergo dove vivono i profughi cecoslovacchi:

> Tutti erano pieni d'una ciufega gialla scura, bella impolmanita. Presero e incominciarono a buttarla contro la porta e le pareti dell'alberghetto. All'arrivo della polizia scappano via e se ne vanno a mangiare in pizzeria, dove incontrano un altro gruppo di giovani che forse, appartengono al parito comunista. C'è un amico di Tommasino dice: "Semo sempre prepotenti, e lo potemo fa!", "Se, se", fece il giovanotto bonaccione, alzando e abbassando la capoccia, "ma per voi ormai la tirannia è finita!"
> Ugo ribatte secco e trionfante: "Noi, la tirannia, l'avemo potuta fa, ma a voi altri ancora nun ve riesce!" "Perché nun semo boia come voi!" rispose il comunista. (p. 55)

Queste battute, sebbene superficiali e semplici, sono molto importanti per lo sviluppo del cambiamento di Tommasino che, per la prima volta è in diretto contatto con i nemici politici. Dopo la pizza gli amici, un po' ubriachi, se ne vanno in giro in cerca di una macchina per andare a rubare in un forno. Con la macchina rubata incomincia la notte brava dei giovani e la vera vita. Prima svaligiano una macchina ferma davanti ad un'albergo, vendono la roba rubata ad un "moresca" per venticinque mila lire e con i soldi vanno a mangiare in una trattoria vicino ad Ostia. Dopo il pranzo, ubriachi, escono e vanno a rubare da un benzinaro fuori Roma, verso Ponte Milvio, minacciandolo con una pistola, gli rapinano una trentina di mila lire. Durante la corsa per Roma, mentre gli altri gridano e cantano, Tommaso si esalta rievocando i canti fascisti: "Ce ne fregamo un dì de la galera, ce ne fregamo de la brutta morte...", altra nota per mettere in risalto l'infatuazione di Tommaso per il fascismo e la sua prepotenza. Alla fine, seguendo un suggerimento dello stesso Tommaso, vanno a rubare da un altro benzinaro. Questa volta se lo portano con loro come ostaggio e dopo pochi chilometri lo massacrano di calci e pugni sullo stomaco e sulla faccia. Per chiudere la notte brava, se ne vanno a ballare al Gatto Rosso, ma il bar è chiuso così, dopo aver fatto baldoria per le strade di Roma, si separano e Tommaso e Lello se ne vanno insieme a prendere il tram per tornare a casa. Mentre aspettano, seduti sul marciapiede, il capitolo chiude con una scena a sorpresa: una tragedia:

> Lello era seduto a terra, sul selciato fradicio, accanto alle rotaie del tram, all'altezza del rimorchio... Tommaso gli corse accanto. Quello che Lello stava a osservare, era la sua mano: ma ridotta in uno stato che Tommaso, guardandola, divenne bianco come un cencio e cominciò a tremare. (p. 92)

Questi finali tragici a sorpresa sono tipici di Pasolini. Servono a interrompere l'azione narrativa del romanzo e portano un evento dal di fuori della trama stessa per aumentare il realismo del racconto. Tale tecnica è caratteristica del neosperimentalismo di Pasolini. Negli altri capitoli Tommaso incontra una ragazza della Garbatella, Irene, e si fidanza. Per mantenere questa relazione Tommaso partecipa ad altri furti di galline con gli amici. Nel capitolo che segue abbiamo la Battaglia di Pietralata in cui la polizia entra nella borgata per mettere in arresto Cagone. Questo è uno dei capitoli piú importanti del romanzo e sarà discusso nella parte critica del capitolo. Tommaso non partecipa a questa battaglia e il giorno dopo riprende la solita vita senza nessun programma, come se niente fosse accaduto. Pasolini stesso parla di questo atteggiamento psichico dei ragazzi di borgata nel saggio VIII di *Studi sulla vita del Testaccio*:

> Ai ragazzi tutto questo esce subito di memoria: come un fatto necessario, dovuto, tanto coesistente con loro da non poter essere colto, tanto incarnato nella loro distrazione da non distinguersene: insomma, non è fatto ma una creazione della loro coscienza comune, in cui si agitano, corpi nel mondo (nel Testaccio) e ombre dentro di se... E pari a loro, caso nel caso. Non lo vedono nella sua estensione oggettiva. Non possono restarne impressionati: lastre dove nemmeno un minimo delle loro azioni posteriori ritiene un'influenza di quell'azione. Non c'è interruzione. Passano esattamente come le ore... essi fanno parte del tempo come l'acqua del Tevere fa parte della corrente. Il ricordo si farà immediatamente logico: una vaga nozione rispondente a precise parole.[8]

Perciò quando Tommasino pensa di pagarsi una serata per Irene, va sulla scalinata di Trinità dei Monti e nei gabinetti pubblici di Roma per "vendersi", ed infine va nei giardini dell'Esedra, ma senza successo. Nella descrizione dei "froci" a Piazza di Spagna, Pasolini mette in mostra tutto il suo sarcasmo verso questi derelitti, sfiorando quasi il grotesco nella descrizione di uno di loro:

> Il frocetto si mosse e muovendosi si vide ch'era uno storpio, uno sciancato, aveva una gamba mezzo metro più corta dell'altra, e, come camminava, pareva che facesse un giro completo intorno a se stesso a ogni passo. (p. 166)

Alla fine, stanco, verso le due di mattina, mentre Tommasino torna a casa vede una prostituta che cammina verso San Lorenzo, le corre dietro e la deruba di seimila lire, malmenandola. Non c'è reazione morale in lui di fronte alle sue azioni, nè rapporto fra i mezzi e lo scopo, ma solo un calcolo estemporaneo, brusco e meccanico. Tommasino, come tutti gli altri suoi pari identificano la vita con il piacere e il possesso del denaro che permette loro di godere la vita, senza nessuna gradazione di valori morali o etici; "vendersi", rubare, malmenare qualcuno per derubarlo, è lo stesso, basta avere soldi. Il modo di comportarsi di Tommasino mostra chiaramente che ancora non ha nessuna coscienza politica o sociale delle proprie azioni, ma il suo comportamento è determinato dalla disperazione di avere del denaro per divertirsi. Questo movente mette i membri di questa società l'uno contro l'altro come animali, pronti ad uccidersi o derubarsi in qualsiasi momento. Questa è la polemica sociale che Pasolini porta avanti, capitolo per capitolo per mettere a nudo la falsità della società moderna che ha creato questa gente che vive in un mondo completamente separato dalla "Paura di Dio" come Pasolini stesso direbbe ironicamente. La prima parte del romanzo si chiude con l'arresto di Tommaso per una coltellata data a uno della Garbatella che lo insulta e aggredisce.

La seconda parte del romanzo incomincia con il ritorno in libertà di Tommaso. Trova una casa in un quartiere che gli impone una nuova esperienza di vita: diventa un piccolo borghese. Riallaccia il rapporto con Irene e trova lavoro. Subito si ammala e poco dopo viene ricoverato al Forlanini. Qui durante una rivolta di sanatoriali appoggiata dai ricoverati, Tommaso si schiera con i compagni e acquista una coscienza politica. Appena uscito dal sanatorio, si iscrive al PCI e durante un'alluvione muore per una ricaduta della malattia. La ricaduta è causata dal suo atto eroico di mettere in salvo una donna abbandonata in mezzo all'acqua.

Il romanzo si svolge secondo una programmazione ben definita, secondo la propria ideologia marxista. I difetti del romanzo devono essere ricercati nelle carenze dell'ideologia pasoliniana, nel senso che nello svolgimento appaiono le contraddizioni di tutta la sua tematica. Lo scrittore ha cercato di darsi una ideologia marxista seguendo l'insegnamento di Gramsci del filone nazionale-popolare, ma allo stesso tempo continuano a spuntare episodi di chiaro stampo piccolo-borghese. Nell'analisi critica vedremo come questi due aspetti affiorano all'interno della programmaticità del romanzo.

Tommaso è un ragazzo di vita in crisi, egli rappresenta l'esempio dello scontro tra la storia e le borgate. La sua irruzione violenta e la sua ricerca di identificazione lo portano ad unirsi al fascismo. Con i fascisti partecipa alla manifestazione contro i Cecoslovacchi, violenta e allegra. L'adesione al fascismo è un fatto naturale anzi connaturale alla sua violenza.

> Semo sempre prepotenti e lo potemo fa!; "Noi, la tirannia, l'avevo potuto fa, ma a voi altri ancora nun ve riesce... Ugo lo filò, facendo ancora il calmo, già in campana per scattare, e pure gli altri compagni suoi cominciarono ad andare in puzza... (p. 55)

L'anticomunismo è il componente politico del fascismo di Tommasino, e non solo del suo ma di tutti i giovani delle borgate.

> "Ma io je lo magnerebbe a loro er core", fece Tommaso a voce bassa, con una faccia gialla di odio. "Si me dassero carta bianca a me, li metterebbe tutti co' la faccia contro er muro!"
> (p. 49)

La loro adesione politica al fascismo è un fatto gratuito e la loro violenza è esaltazione. Essa è l'apparente fanatismo del gesto facinoroso di questi giovani che agiscono senza coscienza della propria violenza, ma per pura esibizione e delinguenza che indicano la velleità dei gesti e la loro fondamentale innaturalezza verso il mondo. La violenza di Tommaso e i suoi campagni mette a nudo la loro superficialità ideologica e allo stesso tempo, l'identificazione col fascismo mostra la loro natura priva di coscienza verso un loro simile in un mondo dove conta solo la forza e la loro "disperata vitalità".

Nel capitolo IV abbiamo *La Battaglia di Pietralata*, vero e proprio episodio di letteratura epico- popolare secondo il filone tracciato da Gramsci. La battaglia di Pietralata, come il titolo stesso indica, è il confronto diretto della borgata contro la polizia. Questo è un capitolo fondamentale del romanzo e forse uno dei piú belli della letteratura contemporanea a sfondo sociale, dove la polizia invade, come un esercito straniero, le baracche di Pietralata. In questo tipo di narrazione Pasolini mette in mostra le sue doti migliori: la descrizione feroce degli eventi, mantenendo sempre come sfondo la miseria del luogo e della gente. La polizia va nella borgata per arrestare Cagone, uno dei giovani che aveva partecipato ai furti descritti nel capitolo precedente, *Notte nella città di Dio*. Il Cagone si rifiuta di seguire le guardie che lo sollecitano e, mentre discutono, la gente incuriosita incomincia ad accorrere per vedere quello che succede. La polizia si innervosisce e incomincia a tirare pugni a Cagone che a sua volta inizia a gridare: "Mamma! Aiuto! Mamma mia! Salvateme!" Le donne, allora, cominciano ad andargli in aiuto chiamando gli uomini, così i poliziotti sono costretti a fuggire. Il capitolo riprende dopo la fuga di Cagone con la semplice annotazione "erano le due di notte", e seguita con la descrizione della gente che dorme e la polizia che circonda la borgata e si introduce, armata di mitra, dentro le case per arrestare tutti. Le scene che seguono sono piene di terrore, con la polizia che trascina gente nuda o mezza nuda dentro i camion fermi all'entrata del paese e gente che urla e si dispera:

> Tutte le casette lì attorno erano rovistate e messe sossopra dai poliziotti,... I cani abbaiavano come dannati, e dappertutto si sentivano gridi, bestemmie, comandi...il Zuccabbo vide venir fuori, tra gli altri poliziotti, le due sorelle, mezze svestite, coi piedi infilati nelle scarpe come fossero ciabatte, le calze penzoloni e le chiome scarmigliate. (pp. 139-140)

Mentre la borgata viene sconvolta dalla forza della polizia, Tommaso, che non ne sa niente, perché aveva passato la giornata con Irene, "correva verso casa e non sapeva manco lui dove andava"; appena a casa tutto è già finito, ma la paura e un senso di solitudine lo prendono. Il capitolo si chiude con una nota molto pittoresca e poetica dopo le avventure drammatiche della rappresaglia poliziesca:

> Anche le praterie al di là dell'Aniene, incassato in fondo alle scarpate, erano perse nel buio: della luce che le aveva investite pure dopo il tramonto, come un riverbero di riflettori, friggeva ancora una specie di pulviscolo giallo: forse perché sopra era tutto cielo, e la pianura si stendeva perdita d'occhio ai colli di Tivoli. In alto tutto era nuvoloso, e chiaro, bianchiccio: solo qua e la c'era qualche squarcio di sereno, molto più cupo... E intorno quel misero mucchio di baracche, c'era un silenzio, una pace, una solitudine che mettevano paura. Dopo un po', senza che nemmeno

> lui se n'accorgesse, mentre se ne stava lì solo e avvilito, Tommaso si
> sentì come una lacrima che gli spuntava. Ma subito la ricacciò in
> gola. (pp. 151-152)

A questa bella descrizione di letteratura popolare si può contrapporre l'episodio della morte di Tito e Toto, i due fratelli di Tommaso, morti durante la sua permanenza in carcere. Questi intenerimenti fanno parte di quelle contraddizioni della ideologia pasoliniana. La storia dei due fratellini del protagonista è molto strana e piena di sentimentalismo populista. Questi due ragazzetti cresciuti insieme, muoiono l'uno dopo l'altro proprio perché si sentono separati e non possono vivere soli. Pasolini trova per loro le espressioni più affettuose ed intime, che rendono questi due bambini cresciuti nel fango angioletti. Loro sono completamente distaccati dall'ambiente dove sono cresciuti, sembrano animaletti nel fango con un cuore da intellettuale borghese.

Quando Tommaso torna in libertà siamo nel maggio del 1956, ed è la prima volta che vede l'INA casa finita. Questa visione tocca il suo cuore:

> ... S'era fermato a guardare la sua casa, che era una delle due o tre
> palazzine pitturate di color rosa scuro... Poi, con un nodo alla gola
> per la commozione, che quasi piangeva, Tommaso entrò dentro,
> ingrugnato, per non far vedere quello che provava. (p. 207)

Anche l'intenerimento di Tommaso fa parte della formazione piccolo-borghese di Pasolini, ma è più coerente allo svolgimento del racconto. La casa nuova, la borgata piena di studenti e figli di professionisti, causano un certo cambiamento nel carattere di Tommaso, che vuole trovarsi una sistemamazione e sposarsi. Ormai si sente diverso dai giovani che sono rimasti a Pietralata e vorrebbe diventare amico con i figli di impiegati dello stato sapendo di non essere stato allevato come loro. Guardandoli giocare a ping-pong dice fra se, o meglio lo pensa ma non lo dice, come precisa l'autore:

> Me farebbe rincarcerà... pe'sapè, perché li pijano pe' stronzi!
> Intanto, stronzi stronzi, eccheli llì! Nun pensano a niente, giocano,
> se divertono, se fanno le studentine, pzt! E c'hanno er papà che je

> passa 'a grana!" "Questi me sa," continuò a pensare, "che tra de
> loro nun se fanno cattiverie... E che, conoscheno 'a vita, questi?
> Eppure me ce vorrebbe mischià, in mezzo a loro! Mannaggia a
> morte, vorrebbe pure io esse stato ammaestrato così, esse bravo
> ragazzo come loro! (p. 216)

Pensando così Tommaso decide di iscriversi all'Azione Cattolica per diventare come loro, e sembra voglia assumere una vita completamente piccolo-borghese.

Questo sviluppo sembra un po' troppo affrettato e viene tracciato solo dal di fuori con poche analisi interiori. Tommaso decide di trovarsi un lavoro e di riallacciare la relazione con Irene e forse di sposarla. Così una domenica primaverile si reca ai Mercati e con l'aiuto di un vecchio amico ebreo, Settimio, trova un lavoro come facchino e finalmente può rincontrare Irene e portarla al cinema. A questo punto subentra il tema della tubercolosi di Tommaso che si inserisce, naturalmente, nella concezione fatale della realtà e come fatto esterno realistico che accompagna il passato di miseria e di fame di Tommaso. Da principio non se ne rende conto:

> Non si sentiva tanto bene: dato forse che la notte, per l'emozione
> del giorno appresso, non aveva chiuso occhio. Si sentiva strano:
> aveva la sudarella a freddo, e gli tremavano un po' le gambe e tutto
> il corpo, chissà per quale motivo. (p. 229)

La malattia, o meglio i primi sintomi, si fanno sentire ancora più forti quando finalmente Tommaso riesce a portare Irene in un parco fuori Roma e la distende per terra in mezzo "a certe canne". Nonostante il posto ideale, Tommaso non riesce a far niente con Irene:

> Però ancora non era ingrifato bene, roba che a quell'ora di solito
> già si doveva essersene fatti due, di certificati. "Ma li mortacci
> sua!", pensava tra sé, già con la bava alla bocca, per la rabbia.
> Irene se l'era mezza magiata, a furia di baci, di morsichi, e di
> linguate. "Ma che ca... me sta succedendo? Com'è, nun
> m'arrapo?" (p. 242)

Così lentamente comincia a capire che qualcosa non va, ma non vuole ammetterlo a se stesso. Alla fine quando non riesce a far niente con Irene, la lascia e se ne va con gli amici a perseguitare un povero vecchio mezzo scemo al quale rubano i vestiti e lo lasciano nudo:

> Pure Tommaso, scappava e rideva: ma stava sempre più male, però: gli rodevano le ghiandolette che c'aveva al collo, era tutto rosso in faccia, brulicoloso, e sentiva freddo, con tutto che correva, come avesse addosso la febbre. (p. 253)

Con quest'ultima nota sulla malattia di Tommaso, finisce il capitolo che doveva indicare il cambiamento di Tommaso. Ci sono delle contraddizioni che rivelano l'incapacità da parte del narratore di approfondire questo sviluppo. Egli ci mostra il cambiamento di Tommaso, riportandolo al cinema con Irene. Mentre la prima volta, Tommaso aveva cercato di toccare Irene, adesso:

> Trovarono due posti... e si sedettero, felici, guardandosi la pellicola,... erano proprio una bella coppia... I soldati e i ragazzi, invece, stavano facendo la solita canizza, sbragati sulle sedie. Tommaso li guardava con rabbia, quasi con odio. Rispetto a loro si sentiva una persona superiore, che non fa più quelle stupidaggini. (pp. 231-232)

Un altro aspetto poco riuscito del romanzo è il carattere di Irene. Lei non assume mai una posizione, non ha mai una risposta da dare o una opinione da esprimere. Bisogna ricordare che lei è figlia di comunisti, ma quando Tommaso le dice di voler diventare democristiano lei ne è tutta contenta:

> Lo sai che stò pensando, a Irè'" esclamò. "Parlo cor prete, e me segno pure io ar partito democratico!" E Irene risponde "Nun è 'n 'idea sbajata, a Tomà'! E poi essendo de quer partito un domani ce po esse sempre un aiuto... quarche lavoro... E poi accostasse a la chiesa uno c'ha sempre n'altro conforto!" (p. 237)

Si potrebbe dire che il tutto, naturalmente, si accorda con il carattere passivo di Irene, ma c'è qualcosa di irritante perché dopo tutto la ragazza è una popolana cresciuta in un'altra borgata romana, che non mostra mai la scaltrezza e la malizia tipica di questa gente. Lei somiglia di più ad un animale, mansueto e rassegnato, aspetto che salta fuori quando Tommaso le dà uno schiaffo, stizzito dal fatto che non riesce a far niente quando sono sul prato fuori Roma.

> Tommaso non la lasciò finire: già era pronto, a le allentò uno sganassone... Irene dapprincipio non capì, come: lo guardò incerta, impaurita. Poi si prese la faccia tra le mani e si mise a piangere, piano... Dopo un po', Irene smise di piangere, s'alzò... e si incamminò... Dopo un centinaio di passi, che Tommaso se ne camminava ingrugnato con le mani in saccoccia, Irene, con la scusa di passarsi un dito dentro la scarpa che la stringeva facendole male, si fermò: per reggersi, con una piccola smorfia, s'attaccò a Tommaso per il gomito. Poi, ricominciando a camminare, continuò a tenerlo timidamente sottobraccio con la sua mano gonfia e rossa. (pp. 246-247)

Un altro documento di letteratura epico-popolare è da considerarsi la sommossa dei malati al fianco dei sanitari. Tommaso viene ricoverato in ospedale; il Forlanini, e qui avviene il suo primo, vero e grande cambiamento politico. Dopo due mesi, Tommaso incomincia ad interessarsi alla sede della Unione Lavoratori tubercolotici e alle chiacchiere che seguono alla morte di Bernardini, uno dei primi agitatori e organizzatori del movimento. Una mattina, finalmente, gli infermieri ed i sanitoriali, scendono in sciopero, per rimpiazzarli arrivano due compagnie di granatieri. Quest'ultimi lavorano bene, ma i malati incominciano a ribellarsi, specie della pulizia dei piatti:

> Nessuno, nemmeno quelli che stavano peggio, rimaneva più nel letto: s'erano tutti alzati, e facevano avanti e dietro pei corridoi, s'ammucchiavano alle finestre a filare il movimento. (p. 279)

Alla vista di tutti questi malati in agitazione la direzione offre di incontrarsi con i capi dell'ULT, ma dopo l'incontro si accorgono che c'era la polizia dietro i cancelli della entrata. Questa vista non piace a nessuno, ed i malati si ribellano, arrivano altri poliziotti coi maganelli ed il gas: succede un macello. A questo punto la narrazione si fa più svelta e raggiunge un'alta tensione drammatica. Da una parte la polizia brutale e dall'altra duemila malati, "tanti erano malati, e qualcuno nemmeno aveva più speranza di uscirci mai più dal Forlanini." Come nel capitolo, "La Battaglia di Pietralata," vediamo la polizia usata come oppressione del popolo, ma in questo capitolo più che nell'altro, i malati sono più vivi e realistici perché sono animati da una rabbia immensa ed indomabile:

> Gli ammalati erano riusciti a imbrillare i cancelli, e ci s'erano messi dietro. Ma ai poliziotti ci vollero ca... a riaprirli: si scavicchiarono con le serrature macinate: e i poliziotti gli dettero giù a rotta di collo, senza guardare in faccia nessuno. (p. 281)

Questa volta la polizia è controllata e diretta dal questore Fusco che deve difendere da un'azione politica un capoccia, il direttore dell'ospedale; non siamo lontani da un giudizio di classe. Abbiamo una vera lotta politica fra i malati e la classe dirigente, difesi dalla polizia, che alla fine riesce a sedare la rivolta.

> Scesero altri poliziotti, coi managanelli... Qualche malato prese di petto ugualmente i poliziotti, cominciando a far botte, come poteva, poveraccio, che nemmeno se la faceva a reggersi in piedi. Altri tagliavano, spaventati, giù per i viali e i vialetti, sotto gli alberi e i poliziotti appresso, sbandierando i manganelli, e facendoli correre a tutta callara, come scellerati, avanti e indietro. (pp. 280-281)

Dopo un accordo raggiunto tra la direzione e i sanatoriali, la polizia se ne va, per ripresentarsi tutt'a un tratto un'ora dopo invadendo l'interno dell'ospedale, piazzando camionette nei punti strategici. Per i malati non c'è più niente da fare:

> Subito passò di bocca in bocca la voce che non c'era niente da fare, che quelli erano buoni pure d'ammazzare: dicevano che una malata alla chirurgia, l'avevano tirata per i capelli, trascinandola per terra, le avevano sgarato i panni, ch'era rimasta solo con la sottoveste a pezzi. Che un'altra s'era così spaventata ch'era diventata muta e non parlava più; e un'altra col pneumotorace era stata portata via a randellate. (pp. 283-284)

La polizia andava a caccia dei dirigenti della cellula comunista, e dei dirigenti dell'ULT e del sindacato unitario. Lo sciopero era stato una scusa per soffocare tutto, cacciare via gli indesiderabili, far tornare tutto nell'ordine e nella rassegnazione; per questa ragione vogliono arrestare Guglielmini. Tommaso l'aiuta a fuggire dall'ospedale e, sfidando il rastrellamento, mette degli avvisi nella bacheca dell'ospedale per mantenere tutti informati. Con l'intervento di Tommaso si chiude il capitolo ed il primo avvicinamento di quest'ultimo alla lotta politica. L'evoluzione morale di Tommaso continua: dalle bravate fasciste dei primi capitoli, siamo arrivati alla prima azione politica e al suo primo contatto diretto con il PC. Egli non ha ancora una coscienza politica, ma in lui si sente la prima rottura dell'isolamento del sottoproletariato che può solo avere un desiderio di prestigio sociale, e per questo si unisce istintivamente con il fascismo (come aveva fatto Tommaso nei primi capitoli) e si identifica con la piccola borghesia:

> ... c'era pure un amico di Tommaso... un certo Alberto Proietti, che ... era già ragioniere, e abitava in un villino prima della Fiorentina, con dei festoncini smagozzati d'uva sotto il cornicione, e gli andò a dare solennemente la mano. (p. 50)

Dopo questo episodio di letteratura secondo il filone gramsciano di nazionale-popolare Pasolini ricade nella stessa contraddizione ideologica nell'ultimo capitolo. Questo capitolo porta il titolo, "L'eterna Fame", che come vedremo, è molto significativo, e riflette gli eventi trattati. Tommaso è diventato un comunista, iscritto al partito con tanto di tessera di riconoscimento per gli episodi all'ospedale. I suoi guai non sono finiti, guadagna solo quattromila lire la settimana e non gli basta per portare Irene al cinema la domenica e per pagare la rata nuova del vestito comprato. Così, stanco di passeggiare la domenica avanti e dietro per i marciapiedi della Garbatella, decide di guadagnarsi un po' di denaro. Va al cinema Vittorio, "un pidocchietto", e riesce a strappare con violenza 500 lire ad un frocio, dopo che questo l'aveva masturbato. Nel descrivere la sala del cinema Pasolini si lascia trasportare un po' troppo, svelando nelle immagini, un sottofondo di morbosità e di schifo verso la gente popolana:

> La platea sotto la luce, pareva come quando si solleva una pietra e sotto si trova tutto pieno di vermi: un mucchio di vermi che si

> muovono e sguscìano da tutte le parti, intorcinando le teste e le
> code, mezzi ammattiti, investiti dalla luce come sono. (pp. 325-326)

Questo atteggiamento dello scrittore verso il sottoproletariato mette ancora una volta in risalto la contraddizione più importante e insanabile dell'opera di Pasolini: la ricerca di un punto vitale nella storia per sopravvivere e staccarsi dalla classe borghese e, l'incapacità di dimenticare la propria classe:

> E' un brusio di vita, e questi persi
> in essa, la perdono serenamente,
> se il cuore ne hanno pieno: a godersi
>
> eccoli, miseri, per essi, il mito rinasce...
> Ma io, con il cuore cosciente
>
> di chi soltanto nella storia ha vita,
> potrò mai più con pura passione operare,
> se so che la nostra storia è finita?[9]

Questa stessa contraddizione si presenta anche nell'ultimo episodio del romanzo: la morte di Tommaso. Questa morte tronca lo sviluppo di Tommaso in senso politico e lo riporta un'altra volta a quello stato primitivo di azione diretta dall'istinto. Siamo nel mese di settembre ed il cielo minaccia un temporale. Tommaso si reca, tutto ben vestito, al bar Duemila e con un suo amico, Alberto, parte con la vespa per andare a vedere l'alluvione causata dal temporale della notte precedente. Tutto il pezzo di pianura bagnata dall'Aniene prima di arrivare a buttarsi nel Tevere, è trasformato in un mare:

> Fin dove l'occhio poteva arrivare, da una parte verso i monti di Tivoli, dall'altra lì presso, verso Tiburtina, non c'era altro che acqua. Tiburtina sporgeva come un porto, con le sue file tutte uguali di lotti, come magazzini... e i quattro o cinque casali erano là in mezzo come tante arche di Noè. (p. 350)

Questa descrizione, per mezzo della passeggiata di Alberto e Tommaso in vespa, serve per rendere la morte di Tommasso più realistica e per fare rendere conto al lettore delle condizioni delle borgate romane. Verso mezzogiorno comincia a piovere di nuovo, così Tommaso va al cinema, dove incontra lo Zimmio ed insieme vanno al bar dove si ritrova sempre la gioventù della borgata. Mentre cantano e raccontano le proprie avventure per provare a vicenda di essere er mejo de la borgata", passano degli uomini del partito comunista in cerca d'aiuto perché "alla Piccola Shangai se stanno a morì affogati". A queste parole Tommaso esce fra le risa generali degli amici che lo prendono in giro:

> "An vedi, oh"... "che, è Tommasi quelli?" ..."Lo riconosci più Tommaso, te?" "Come nun lo conosci?"... "E' San Tommaso, er santo dell'alluvionati!" (p. 367)

Tommaso arriva alla Piccola Shangai, insieme con i pompieri e gli uomini del partito. In mezzo al buio della notte si sentono solo grida e pianti, non ci sono rimaste nemmeno quattro bicocche, solo pezzi di legno galleggianti. Solo in una baracca in fondo alla strada, c'è una donna rimasta bloccata dal fango che chiama aiuto. Tommaso offre il proprio aiuto per soccorrerla, perché, essendo cresciuto lì, sa dove mettere i piedi. Tommaso riesce a salvarla ma il giorno dopo si sente male e viene trasportato d'urgenza all'ospedale, il Policlinico, perché sputa sangue. All'ospedale Tommaso viene a sapere che se moriva, avrebbero messo il suo nome alla sezione di Pietralata, per l'azione eroica che aveva fatto. Tommaso sa benissimo che deve morire e vuole farlo a casa sua:

> Non era successo niente: una borgata allagata dalla pioggia, dove ci stava della gente, che, nella vita, ne aveva passate pure di peggio. Ma tutti piangevano, si sentivano spersi, assassinati. Solo in quel pannaccio rosso, tutto zuppo e ingozzito... in mezzo a quella calca di disgraziati, pareva brillucciare, ancora, un po' di speranza. (p. 377)

Tutto il progresso compiuto da Tommaso non serve a niente; resta solo il pannaccio rosso simbolo di una disperata speranza che ripropone interamente tutte le contradizioni dell'ideologia pasoliniana. Il giovane che doveva essere esempio o eroe diviene diseroicizzato dal suo stesso atto ironico di ributtare in mezzo ai disgraziati il pannaccio rosso.

Il romanzo è nato dal volere di Pasolini di far conoscere le borgate ai margini della capitale, in tutta la loro nudità e contraddizioni. Il che non è diverso dalla intenzione già espressa nel creare e comporre *Ragazzi di Vita*. In realtà l'ideologia e il risultato sono diversi. Pasolini innesta questo romanzo nella propria teoria della scoperta di Marx e di Gramsci come aspetti viventi e progressivi della storia umana. Il letterato moderno deve avere una ideologia per sopravvivere. Una volta acquistata questa verità storica, Pasolini cerca di metterla in atto. Ma qui nasce la contraddizione, perché lui vede nelle borgate agli estremi margini del vivere civile, il sottoproletariato che conserva intatta la propria vitalità, l'energia di vivere, e cerca di unirla e sottometterla ad un'ideologia ben stabilita e dialettica come quella marxista, che parte da un modo di pensare e di capire le cose molto razionale e programmatico. Pasolini non riesce a staccarsi completamente da quello che lo interessa di più nel popolo, cioè le loro passioni e vitalità:

Mi so ad esso attaccato nel calore

degli istinti, dell'estetica passione;
attratto da una vita proletaria
a te anteriore, e per me religione

la sua allegria, non la millenaria
sua lotta: la sua natura, non
la sua coscienza...[10]

Per questo il romanzo si incrina e non mostra la piena coscienza politica raggiunta da Tommaso. Pasolini rivela la propria incapacità di portare avanti il romanzo secondo il disegno prestabilito. La parabola della vita di Tommaso sarebbe coerente e persuasiva, ma alla fine più che attaccamento ad un ideale politico e altruista Tommaso muore, dopo un arco di sette-otto anni, per pura collera di agire.

Tommaso muore da ragazzo di borgata che agisce per una illuminazione momentanea che non agirà sui compagni di teppa o sulla borgata, dove la vita continuerà la stessa dopo di lui. Il titolo del quinto capitolo, "L'eterna fame," appare, a conti fatti, più significativo ed epigrammatico del romanzo che la maturazione di Tommaso. Questi, appena vede la speranza di un mondo migliore, con gli ideali di una ideologia o di una vera società, resta sempre chiuso nell'ambiente e nella vita patologica della borgata. Alla fine, quando sembra affacciarsi oltre quel limite di vita, muore di tubercolosi. Per Pasolini non è possibile uscire dalla sua contraddizione originaria:

> Lo scandalo del contraddirmi, dell'essere
> con te e contro di te, con te nel cuore,
> in luce, contro te nelle buie viscere;
>
> del mio paterno stato traditore
> ...[11]

Egli continua sempre a guardare indietro verso l'oscurità da cui proviene la vitalità umana del sottoproletariato che è disperazione.

La presenza dello scrittore è soprattutto evidente nella lingua dell'opera. Pasolini affida il compito di esprimere le parlate dei suoi personaggi ad una composizione amàlgama gergo-dialettale, impostata su una erudita documentazione del linguaggio della malavita romana. Si sa che Pasolini fonda il suo uso del dialetto sul convincimento che la frattura sociale esistente in Italia impedisce la formazione di una lingua nazionale omogenea al livello letterario. Quando il personaggio popolano parla, non può che esprimersi in dialetto, così anche quando si tratta di esprimere un sentimento, o un dato psicologico. Questo mimetismo significa un adeguamento del discorso alla bocca del parlante e allo stesso tempo crea una frattura fra personaggi popolani e scrittore borghese colto. Questa operazione crea una ricostruzione minuta del gergo delle borgate, che porta lo scrittore ad una ricerca scientifica di origine filologica e linguistica. La documentazione linguistica di *Una vita violenta* è più complessa di *Ragazzi di vita*, perché il dialetto dei ragazzi è pieno di sovraccarico di derivazioni dalla campagna, di infiltrazioni ciociare e sabine, di imperfette ripetizioni di neologismi sportivi o filmistici. Non per niente Pasolini tiene ad informarci che Tommasino era nato a Isola del Liri in Ciociaria. In questo meticoloso studio, Pasolini, interessato alla letteratura dialettale e alla poesia popolare, è venuto incontro al Pasolini romagnolo-friulano affascinato dall'ambiente sociale delle borgate.

Seguendo questa paziente ricostruzione linguistica, la lingua del romanzo si basa sui già menzionati registri. Da una parte abbiamo gergo-dialettale, dall'altra l'italiano lirico del narratore e al centro i casi di contaminazione. Quando i ragazzi parlano, lo scrittore usa il dialetto, o meglio il gergo delle borgate romane. Tutto il dialetto è pieno di esempi, e la intersezione è l'unica forma d'espressione. Essa viene spesso seguita da espressioni caratteristiche o steriotipate come "ammazza, an vedi, daje" oppure da semplici esclamazioni per stabilire il contatto con l'interlocutore. Il narratore parla un italiano che a volte viene colorito di parole dialettali o parole che sono usate di più a Roma; cosa che accade soprattutto nei dialoghi fra i giovani:

> Era tutto apparecchiato, coi bighi di flanella, la raspa a pepe con la martingala, la capezza, il passante e il bugiardello al polso. "Tengo 'na sghecia", sparò "che me cago sotto!" "Pure io" fece Tommaso, "è da ieri sera che nun magno!" (p. 51)

Un altro aspetto da notare nella lingua è la descrizione del paesaggio che acquista sempre un'aria raffinata di civiltà letteraria che non ha molto a che fare con le catapecchie di Pietralata:

> Lì la campagna era bella, tutta verde, zeppa di grano, di alberi da frutto, di orti carichi di cavolifiori, rape, in mezzo a mucchi di stabbio e macchie di olivi. Però dove il viottoletto portava era una specie di canneto... un po' impuzzolito... (p. 239)

Il brano presenta inserzioni di termini dialettali come "impuzzolito", ma ci sono molti termini colti e frasi che potrebbero essere esempi di endecasillabi; "solo quà e là c'era qualche squarcio di sereno", su un livello poetico medio di poesia moderna. Si noti anche il paesaggio e la natura:

> Anche le praterie al di là dell'Aniene, incassato in fondo alle scarpate, erano perse nel buio: della luce che le aveva investite pure dopo il tramonto, come un riverbero di riflettori, friggeva ancora una specie di pulviscolo giallo: forse perché sopra era tutto cielo, e la pianura si stendeva a perdita d'occhio fino ai colli di Tivoli.
> In alto era tutto nuvoloso, e chiaro, bianchiccio: solo qua e là c'era qualche squarcio di sereno molto più cupo. In uno di questi squarci, proprio sotto il tetto, di bandoni e carta incatramata...
> (pp. 151-152)

Un altro aspetto dell'intervento culturale dello scrittore è l'uso della similitudine grottesca che paragona sempre i giovani ad animali, i bambini sono sempre rappresentati con vocaboli sentimentali e la metafora si fa più sottile. Per esempio Settimio, l'amico ebreo di Tommaso, è un "sorcetto", Tommaso "una paparella". I fratelli di Tommaso, Tito e Toto, sono invece "cagnoletti" e "scimmiottini".

L'ultimo aspetto culturale della lingua del romanzo è l'uso dell'aggettivo, che Pasolini mette come didascalia per illustrare lo stato d'animo dei giovani. Per esempio, aggiunge l'aggettivo "furbetto" per descrivere lo stato d'animo del giovane:

Tommaso preferì non andare a fondo. "Mo 'me te lavoro io!" pensò "co'ste du'zinnette che t'aritrovi!"... aggiunse poi, di nuovo col risolino furbetto e, nel tempo stesso un po' bigonzo di prima. (p. 107)

Un altro aspetto molto importante è l'uso del discorso indiretto libero con il quale Pasolini cerca di mantenere un contatto con i suoi personaggi, per rompere il distacco culturale che esiste fra i due mondi:

> L'operazione mimetica è... l'operazione che richiede le più abili ricerche linguistiche, bisogna, certo lasciar parlare, fisicamente, immediatamente, le cose: ma per lasciar parlare le cose, occorre essere scrittori, e anche perfino vistosamente scrittori.[12]

Questa operazione profondamente culturale si realizza con il metodo di *Sprachmischung*, descritto da Spitzer:

"Se ne dovemo annà, a casa!" fece Carletto fiacco fiacco: lui e gli altri ci dovevano stare, perché i compari erano molto di più, quasi il doppio. Shangaino continuò a farli vittime: "E' appena mezzanotte, è ," esclamò. "Stà a guardare er capello!" Era afflitto, pieno di commiserazione e spingeva così quelli di Pietralata a avere vedute più larghe, a essere grandi com'era lui. (p. 191)

Come si vede il discorso va avanti con la mescolanza, parla lo scrittore e le sue creature, il primo in lingua mentre le altre in dialetto. Lo sperimentalismo pasoliniano è molto originale e si basa su un programma di narrazione drammatica e di denuncia sociale, ma sopratutto su un accurato studio linguistico, di gesti e atteggiamenti tipici del sottoproletariato che molto spesso non si fondono insieme e restano elementi staccati di un lavoro scientifico, in cui la raffinatezza culturale dello scrittore sfoggia più di quanto lui voglia far credere.

Il romanzo *Una vita violenta* deve essere considerato come lo sforzo di uno scrittore borghese che ha cercato di darsi una ideologia e di applicarla ad un romanzo. Da tale operazione ne deriva un romanzo programmatico, ricco di contraddizioni e di ristrettezza ideologica. Resta sempre un tentativo di confrontare la storia e di uscire da una tematica personalissima o dalla preistoria di *Ragazzi di vita*.

Apparentemente i due romanzi *Ragazzi di vita* e *Una vita violenta* sembrano uguali o quasi linguisticamente. In tutti e due abbiamo tre registri dell'uso del linguaggio: dialetto-gergo, quando i ragazzi parlano, italiano quando lo scrittore descrive la natura o la campagna romana e una contaminazione di linguaggi nella descrizione dei movimenti o delle azioni dei ragazzi. La differenza deve essere ricercata nel componente ideologico del romanzo. In *Ragazzi di vita,* abbiamo un'opera dove vengono raccontate le vicende di una ventina di ragazzi della periferia romana, dagli ultimi giorni della seconda guerra mondiale fino agli anni cinquanta. I ragazzi sono tutti uguali a se stessi e Riccetto viene spesso considerato il protagonista solo perché appare più spesso degli altri sulla scena. Questi giovani non hanno nemmeno un vero nome o cognome ma vengono chiamati con il soprannome. La trama del racconto viene portata avanti dall'esistenza immutabile, dalla loro violenza, spontanea e sfrenata. Loro vivono quasi completamente isolati dalla società, in un'esistenza miserabile senza esserne veramente coscienti. La lingua del romanzo riflette questa loro spontanea vitalità, perché nei loro berci non c'é niente di programmatico o emblematico. Pasolini usa il loro gergo come pura contrapposizione alla lingua borghese del resto della nazione. Egli identifica la lingua italiana con la borghesia reazionaria e conservatrice, analogamente stabilisce un legame fra dialetto gergo e la vita spontanea del mondo delle borgate perciò, egli identifica la diretta mimesi con il possesso sociologico-linguistico della lingua stessa. Da una parte c'é una società morta che parla una lingua cristallizzata e "assoluta", dall'altro lato una lingua più naturale, più spontanea, più dialettale perché parlata da gente che vive fuori dalla storia. Per questa ragione Pasolini mette in atto un'operazione linguistica di mimesi rivissuta.

Nel secondo romanzo *Una vita violenta* la lingua è più ricca di storia e di programmaticità, perché come ho già detto questo romanzo è lo sforzo dello scrittore di portare la storia nelle borgate. I ragazzi di vita vivono a contatto con gli eventi della storia della borghesia e ne sentono gli effetti. Non penso che Pasolini compi una operazione tipicamente intellettualistica, ma sotto l'influenza della critica cerca di creare un romanzo più tradizionale e programmatico. Dopo la pubblicazione del romanzo la sinistra italiana lodò il romanzo e ne esaltò l'asse ideologico che sosteneva la struttura e il rilancio del personaggio. Secondo me questa critica non capì veramente il programma di Pasolini. Infatti egli voleva mostrare le realtà effettuale delle borgate romane senza sforzature ideologiche di parte. La vita di Tommaso Puzzilli è una storia contraddittoria di un tipico ragazzo sottoproletario che alla fine deve fare i conti con la sua formazione culturale e sociale. Pasolini in una intervista rilasciata nel 1958 testimonia il suo programma:

> Tommaso Puzzilli, benchè da un lato sia mosso da una pura vitalità, non capace di svolgimento morale e storico (e quindi alla fine del libro si ritrovi a fare le stesse cose, a ripetere gli stessi gesti

che all'inizio), dall'altra parte, per quanto confusamente, disordinatamente, ha una sua "storia", che lo attua attraverso una serie di esperienze il cui contraddirsi è esistenziale, è vero, ma è anche insieme, dialettico.[13]

Pasolini vuole scrivere un romanzo dialettico, nel quale i giovani fanno i conti con la storia e la società. La lingua stessa viene influenzata da questa nuova problematica e si riempie di un fondo storico e sociologico che *Ragazzi di vita* non ha. L'analisi del secondo capitolo, "Notte nella città di Dio", metterà in luce questa differenza linguistica fra i due romanzi. Nella notte brava, i giovani prima picchiano un venditore di olive, poi rubano un'auto, poi rapinano dei benzinari e alla fine si danno alla pazza gioia nelle vie deserte della città. Osserviamo il dialetto dei giovani e i loro berci e noteremo lo sfondo programmatico da parte dello scrittore ma allo stesso tempo si potrà osservare anche che essi non sono più astorici dalla società borghese come erano i berci di Riccetto e compagnia in *Ragazzi di vita*. Quando i giovani vanno a comprare delle olive cercano di pagare con delle monete dell'era fascista, così giustamente l'olivaro si rifiuta di accettarle. Il Matto gli dice:

> "Nun so'bboni? Nun so'bboni?" Poi scattando: "Ma come te permetti di disprezza 'sti soldi, a accattone? Lo sai che 'sti soldi c'hanno la storia? Daje, inzuccali. E n'antra vosta attenta a tte, sa', a distinguere i soldi boni! Ma guarda sì che s'ha da vedè! Boh! Io te darebbe du'cazzottoni in bocca!"... "Questi so' l'unici soldi veri che ce so' stati in Italia,"... "a deficiente! e dacce pure er resto, sbrighete!" (p. 48)

Dopo aver derubato un benzinaro, Tommasino incomincia a cantare "Ce ne fregammo un dì de la galera ce ne fregammo de la brutta morte". (p. 66) Questa è la canzone degli avanguardisti fascisti, la storia è entrata nelle borgate. Che differenza dalla canzone appena incominciata dai "ragazzi di vita": "Lasseme puntà solo la puntaaa."

Dopo il secondo furto vanno a ballare, ma il locale sta chiudendo così chiedono all'orchestra di suonare all'aperto. Al suono della musica Ugo incominciò a cantare:

> Per vincere ci vogliono i leoooni di Mussolini armati di valor...
> Ma s'interruppe subito, facendosi scuro in faccia e rosicando i denti: "Perché st'obelisco," gridò, "l'avemo fregato ai russi, a stronzi! Noi se potemo permette d'esse prepotenti, perché! A stronzi! A noi nessuno ce caga er ca...! Questa è la città Eterna è!"
> Riprese un po' di fiato, e poi gridò alla disperata: "Plebeiii! La borsa nera è finita! Adesso er pane lo danno anche senza bollini! Adesso er pane bisogna scavallo co' l'ugna!... Prima lo portava mi' padre, er pane, ma voi lo sapete tutti, che mi' padre l'hanno trucidato...davanti a la porta de casa mia...è stato lì per tera fino a la matina, co' tre revolverate 'n fronte... Chi l'ha aiutato? Nissuno, porco d...! In Italia semo cinquanta milioni d'abbitanti, e c'avemo tutti er culo bagnato?"
> Aveva gridato così forte che chiuse gli occhi e pareva che stesse per sturbarsi: invece urlò più forte ancora: "A De Gasperiii!"
> Tacque un po', poi fece una pernacchia, lunga che non finiva mai, sbavando tocchi di saliva, con un rumore sinistro, piegandosi con le mani sulla pancia. Finita la pernacchia, raccolse un'altra volta le forze, per gridare, bianco come un morto, ai suonatori: "Sonece la Marcia su Roma!" (p. 83)

Il bercio di questi ragazzi è ricco di allusione e di significato politico e sociale. Non abbiamo più l'avventura quasi picaresca di Riccetto e compagnia, ma un gruppo di giovani che non sono più allegri e spensierati, e l'odio verso la società è ricco di reazione politica e di classe. Il loro linguaggio riflette il loro bassissimo stato di coscienza politica e sociale, quasi criminale verso il resto della gente: questo è il romanzo della vita violenta, dove si vive e si muore senza inteneriamenti piccolo-borghesi. Il capitolo stesso si chiude con la perdita di una mano e di un piede di Lello, "era un mucchietto tutto maciullato d'ossa e di sangue," fra l'indifferenza della città:

> Intanto, intorno a Lello, ormai, le parete delle cose bagnate, i murghioni della stazione, le facce della gente, i sampietrini, tutto era schiarito, quasi bianco, alla prima luce del giorno, che rispuntava uguale a sempre, piano, piano, sulla città. (p. 92)

Le ultime parole "uguale a sempre" indicano, come la vita di questi giovani ormai è entrata nel dialettico della vita sottoproletaria, dove la morte, il furto e la violenza perdurano sempre, cambiano solo i personaggi di un dramma che continua lontano dagli occhi della "Roma di Dio". Il secondo romanzo di Pasolini rappresenta un'evoluzione verso l'approfondimento storico delle borgate. I giovani non sono visti più come individui autonomi dal resto della società, ma ora vivono di luce riflessa da essa. I giovani sono condizionati dal mondo borghese sebbene non ci facciano parte, le loro azioni sono dettate dalla falsa coscienza che deriva da questo esile contatto. Tommasino non riesce ad integrarsi nel resto della società, è condizionato dalla sua formazione culturale della borgata e la sua morte esprime l'unico atto eroico possibile per un giovane come lui alla ricerca di realizzarsi. Il romanzo bisogna essere considerato programmatico, ma allo stesso tempo è realistico perché si sviluppa dentro i limiti della realtà culturale e sociale della vita borgatara.

# CAPITOLO V

## IL SOGNO DI UNA COSA
## IMPEGNO SOCIALE ED ELEGIA PER IL FRIULI PERDUTO

Il sogno di una cosa fu scritto da Pasolini fra il 1949-52 a Roma, ma era stato già concepito a Casarsa nel Friuli. Questo romanzo è il primo tentativo di scoperta di un Friuli diverso dal mondo vagheggiato poeticamente dal giovane poeta durante la guerra e la Resistenza. C'è il tentativo da parte dello scrittore di entrare nella precisa realtà sociale, con i suoi problemi e le sue idee, e che non sia più soltanto un mondo di simboli in cui rivolgere e schermare i propri tormenti e illusioni.

Pasolini nacque a Bologna il 5 marzo 1922, da madre friulana e da padre ravennate. Il padre era un ufficiale dell'esercito che veniva continuamente trasferito da una città all'altra. Il piccolo Pasolini da Bologna andò a Parma, dopo a Belluno, Conegliano, Sacile e Cremona. A causa di questi continui trasferimenti non si sentì mai legato a nessuna città e le trattò tutte come tappe dei suoi continui trasferimenti. A poco a poco, per mezzo del grande attaccamento verso la madre che lo portava d'estate a Casarsa, nel Friuli, incominciò a sentirsi sempre più attaccato a questo luogo che era il paese della madre. In un saggio, *Dal laboratorio*, Pasolini ci racconta, parlando della madre:

> Avevo tre anni e mezzo... In quel periodo andavo ancora abbastanza d'accordo con mio padre, credo. Ero eccezionalmente capriccioso, cioè, nevrotico, presubilmente, ma buono. Verso mia madre (incinta, ma non lo ricordo) ero nello stato d'animo di tutta la vita, un disperato amore. Da notare che circa un anno, un anno e mezzo prima (a Conegliano; vedo ancora il lettone dei genitori nelle cui immense distese bianche tutto questo accade), avevo

> avuto un ciclo di sogni, "a puntata" in cui perdevo mia madre e la cercavo per le strade rossicce e piene di portici del fantasma di Bologna (stupendo nella sua sconfinata tristezza,) fino a salire su per certe tetre scale interne, verso appartamenti di famiglie amiche, a chiedere di lei, ecc..., ecc..., appunto dai tre anni ai tre anni e mezzo, ho provato le prime morse dell'amore sessuale: identiche a quelle che avrei poi provato finora (atrocemente acute dai sedici ai trent'anni): Quella dolcezza terribile e ansiosa che prende alle viscere e le consuma, le brucia, le contorce, come una ventata calda, struggente, davanti all'oggetto dell'amore.[1]

Durante tutta la sua giovinezza Pasolini manterrà un rapporto privilegiato con la madre, la quale sarà anche l'ispirazione centrale della sua prima vena poetica. A sette anni scrisse la sua prima poesia, ed era stata proprio la madre che gli aveva insegnato le prime rime e gli aveva insegnato che cosa fosse un sonetto. Precocemente Pasolini si sviluppò. Durante la prima media scrisse un poema epico e compose un dramma in versi. Durante il liceo a Bologna incominciò a scrivere poesia seguendo lo stile e la poesia di Rimbaud. Durante gli studi universitari, studiando con il professor Longhi, venne a contatto con l'Ermetismo e fece conoscenza di Francesco Leonetti e Roberto Roversi, suoi futuri collaboratori della rivista, *Officina*. A vent'anni pubblicò il suo volumetto di poesie, *Poesie a Casarsa*. Il libretto fu ben accolto dai critici, soprattutto da Gianfranco Contini, che fece la prima recensione dei versi pasoliniani. Dopo la pubblicazione si laureò dall'università di Bologna con una tesi su Giovanni Pascoli. Intanto, dal 1° all'8 settembre del 1943, Pasolini è sotto le armi; fugge tornando a Casarsa da Livorno, dopo aver disobbedito all'ordine di consegnare le armi ai Tedeschi. Proprio qui a Casarsa come sfollato incomincia la sua attività intellettuale in italiano e friulano.

Nasce così il mito del Friuli e del dialetto friulano, da prima come legame linguistico alla madre e poi come opposizione politica all'accentramento idealista di Roma come capitale d'Italia. Pasolini si avvicina al Friuli e soprattutto a Casarsa, per ritrovare quel senso di invivibile felicità delle prime vacanze dell'infanzia e dell'adolescenza, attraverso il dialetto della mamma. Il modo di tornare alla madre consiste nell'avvolgersi in una lingua, il friulano, per la quale l'aggettivo materno ha ben piú di un significato. Esso è la lingua che ha parlato da bambino, con una operazione che l'univa e vincolava alla madre. Lo studio e l'approfondimento del dialetto divenne per Pasolini una operazione per conoscere ed amare meglio un'altra persona, nel suo caso la madre, e allo stesso tempo diventa mezzo di possesso per entrare nell'intimità incosciente del parlante, sempre la madre. Al livello sociale e storico il Friuli diventa per Pasolini un paradiso terrestre dove lui può rifugiarsi per nascondere il suo trauma personale.

La presenza della madre, la dolcezza della campagna e della lingua hanno per lui un valore protettivo e gli permettono di sognare e di inventare un mondo che in realtà non esiste. Casarsa diventa un utero linguistico dove il poeta può nascondersi e vivere lontano dal mondo con i suoi problemi. Con il tempo il Friuli diventa contrapposizione, come luogo materno della vita, alla città, luogo paterno e simbolo della morte. In un racconto del 1946, intitolato *Un mio sogno*, Pasolini esprime chiaramente questo contrasto e ne cerca una ragione cercando di spiegare a se stesso lo stato di angoscia che prova quando sogna la città:

> Infatti, quando meno me lo aspettavo, ricordai che in un periodo antichissimo, per tutto il resto ignoto, della mia vita, mi ero trovato in quel luogo con mio padre. Allora provai un illogico spaventevole batticuore; balzai in piedi e tornai a guardare la città: rossa, immensa, deserta. Ero preso come da un capogiro, e nel tempo stesso, da un enorme tranquillità. La vista mi si era oscurata, e tutto mi si presentava con quel misto di straordinario nitore e di confusione con cui gli oggetti appaiono a chi abbia appena appreso la notizia di una sventura irreparabile. E allora, capii di essere morto; capii che quel ponte, quelle case, quella città, io non le vedevo con gli occhi, ma che era una musica, una musica dolorosa e altissima, a suggerirmene le immagini.[2]

A livello storico-sociale Pasolini è attratto verso il Friuli per poter parlare a nome del popolo e farsi voce dei contadini friulani. In principio è attratto dall'oralità della lingua parlata nelle zone vicino a

Casarsa e dalla bellezza di certe parole che lui cerca di rendere grafiche. Questo rapporto privilegiato con la lingua parlata stimola Pasolini alla ricerca di parole che gli permettono di creare un linguaggio poetico petrarchista, perché il dialetto è assunto come lingua remota, essenziale, assoluta; è entrato in un mondo di conservazione, di povertà, di intimità. L'immagine delle cose descritte s'impone in modi piú assoluti, grazie ad un dialetto remoto, sconosciuto, parlato da pochi, al punto che si direbbe quasi inventato. Il friulano di Pasolini, localizzato esattamente sulla sponda destra del Tagliamento presenta una ricchezza insolita di vocaboli ricercatissimi destinati ad animare con la loro sola presenza il sobrio dettato del poeta: sole diventa soreli, cielo - seil, corpo cuarp, luce - lun, gelso - marar, nemmeno la parola morte (muart), ha il suo vero valore di fine, ma serve solamente come puro suono poetico.

> Sera imbarlumida, tal fossal
> a cres l'aga, na femina plena
> a ciamina pal ciamp
>
> Jo ti recuardi, Narcis, ti vevis il colour
> de la sera, quand li ciampanis
> a sunin di muart.[3]

Il suono delle campane che chiudono la seconda terzina fanno eco a "Sera imbarlumida" che aprono la prima terzina. Il procedimento analogico si chiarisce dalla sensazione musicale che si prova alla fine. La campana ha un suono malinconico pascoliniano di spirito decadente piú che realistico. Il rapporto fra la realtà storico-sociale del Friuli e Pasolini artista si può riassumere simbolicamente con l'epigrafe apposta da lui stesso a tutte le poesie friulane nella raccolta *La meglio gioventù*

> Ab l'alen tir vas me l'aire
> Qu'en sen venir de Proenza
> Tot quant es de lai m'agensa.[4]

Piere Vidal respira da lontano l'aria del proprio paese, Pasolini che non vive lontano dal suo se lo inventa con preziosismi e ricercatezza che sfiorano il cultismo e il tecnicismo del petrarchismo.

L'esclusivismo culturale di questo periodo si manifesta anche nella fondazione, insieme con Bartotti, Naldini, Bruni, Kalz, De Rocco ed altri dell'Academinta di Lenga Furlana, il 18 febbraio del 1945. "L'Academinta" deve risarcire al Friuli la sua storia mancata, che si era disseccata nel Trecento. Pasolini e gli altri soci incominciano un grande lavoro di traduzione di tutti i capolavori occidentali in dialetto friulano e dichiarano apertamente che il Friuli dovrebbe essere considerato una Piccola Patria, culturalmente indipendente dal centralismo di Roma. Nel 1947, l'"Academinta" ricomincia la pubblicazione di una nuova rivista, *Quaderno Romanzo*, dove il friulano non viene chiamato più dialetto, ma lingua ladina. Nel dibattito politico che segue, Pasolini assume un ruolo guida nel movimento per l'autonomia del Friuli. La polemica sfiora aspetti politici e storici e Pasolini per la prima volta assume una posizione contro il partito al quale apparteneva, il PCI, che si rifiuta di promuovere l'autonomia del Friuli perché fondata su pretesti semplicemente sentimentali e poetici.

Nello stesso periodo, cioè, il 1947, avveniva per Pasolini un'altra grande scoperta, quella che lui stesso definì "la scoperta di Marx". Questo avvenne durante una lotta di braccianti agricoli con cui egli si era trovato affianco contro i latifondisti. Pasolini si era iscritto al PCI nel 1946, ma aveva cominciato a leggere Marx e Gramsci solo nel 1947, quando divenne capo della sezione San Giovanni. Gli eventi di questi anni saranno raccontati sotto altri nomi nel romanzo, *Il sogno di una cosa*. La militanza nel partito durerà fino al 1949 quando Pasolini sarà espulso per i fatti di Ramuscello. *L'Unità*, organo del partito, dando notizia dell'espulsione, commenterà in un breve corsivo:

> Prendiamo spunto dai fatti che hanno determinato un grave provvedimento disciplinare a carico del poeta Pasolini per denunciare ancora una volta le deleterie influenze di certe correnti ideologiche e filosofiche dei vari Gide, Sartre, e di altrettanto decantati poeti e letterati, che si vogliono atteggiare a progressisti

ma che in realtà raccolgono i più deleteri aspetti della degenerazione borghese.[5]

Che cosa aveva fatto di preciso Pasolini? Il 30 settembre nella frazione di Ramuscello dopo la festa di Santa Sabina era stato accusato di corruzione di minori e atti osceni in luogo pubblico. I genitori dei ragazzi non presentarono mai querela per lo scandalo, ma i Carabinieri per mezzo delle rivelazioni di un confidente denunziano Pasolini e così nasce un processo. In Appello, l'8 aprile del 1952, il Tribunale di Pordenone assolverà Pasolini dagli atti osceni per insufficienza di prove, poichè non emerse con certezza che il luogo fosse pubblico. Pasolini era già stato prosciolto dalla accusa di corruzione di minori dal pretore il 28 dicembre 1950.

L'espulsione dal partito arriva proprio nel momento della sconfitta e del riflusso della sinistra italiana. La sinistra era stata sconfitta dalla DC nelle elezioni del 1948. Dopo la sconfitta storica il marxismo viene scomunicato dalla chiesa e la liberazione delle masse viene bloccata nel momento della sua prima espansione storica italiana. Nel suo primo romanzo Pasolini ha sperimentato proprio questo momento storico. Egli parte dall'idea di un mondo contadino che si muove lentamente nel senso della storia e vi partecipa con le proprie contraddizioni che esprimono i valori di un mondo arcaico-arcadico, legato all'archetipo patriarcale. Durante la battaglia storica delle lotte dei braccianti e il fronte popolare, il popolo (cioè i contadini) entrano nel mondo narrativo di Pasolini non più come oggetto di poesia incantata, ma come coscienza politica. Il che non significa che ha completamente eliminato dal suo lavoro artistico l'immagine del Friuli come Eden terrestre, ma che si avverte uno sforzo da parte sua di rappresentare un mondo più realistico inserito in una realtà storica. Pasolini cerca di penetrare nel mondo reale e di superare la sua poetica originaria e di inserirsi in una determinata situazione storica. Lui stesso nella poesia, "La ricchezza", ripercorre la propria storia:

> Venne il giorno della morte e della libertà, il mondo martoriato si riconobbe nuovo nella luce... Quella luce era speranza di giustizia:

non sapevo quale: la Giustizia. La luce è sempre uguale ad altra luce. Poi variò: da luce diventò incerta alba, un'alba che cresceva, si allargava sopra i campi friulani, sulle rogge. Illuminava i braccianti che lottavano.[6]

La luce della giustizia che illumina ci porta al romanzo, *Il sogno di una cosa*, perché proprio questa luce appena scrutata e sentita fa nascere il presentimento di un sogno che dovrebbe avverarsi, cioè realizzarsi storicamente e culturalmente. Il lavoro di questo studio sarà proprio la ricerca del punto di incontro dell'evento storico e del mito personale di Pasolini friulano e militante di sinistra.

Questo romanzo fu pubblicato dalla casa editrice Garzanti nel 1962, e prende il nome da una lettera scritta da Karl Marx a Ruge nel settembre del 1843. Parte di questa lettera è stata usata da Pasolini stesso come epigrafe:

l nostro motto dev' essere dunque:
riforma della coscienza non per
mezzo di dogmi, ma mediante l'analisi
della coscienza non chiara a se stessa,
o si presenti sotto forma religiosa
o politica. Apparirà allora che il mondo
ha da lungo tempo
il sogno di una cosa...[7]

Le parole stesse di Marx introducono la tematica del romanzo, cioè la ricerca di una coscienza non chiara a se stessa, che si sviluppa sempre piú a contatto con la realtà e gli eventi di tutti i giorni. Essa rappresenta l'analisi di una ricerca storica e dialettica di tre giovani: Nini Infant, Milio Bartolus e Eligio Pereisson nel Friuli nell'immediato dopoguerrra. I tre giovani sono frutti immaturi della misera condizione contadina, ma la loro vita è aperta alla speranza, al sogno di una cosa, che ancora non riescono a capire, ma che sentono piú per istinto viscerale che dogma dottrinale, in senso politico. La loro vita è ricca delle gioie adolescenti, ma la miseria e le lotte agrarie fanno nascere in loro una fede nascosta, per qualcosa che non riescono a capire completamente.

Il romanzo, *Il sogno di una cosa*, era stato già ideato ed iniziato da Pasolini nel Friuli sotto il nome *La meglio gioventù*. Nei primi anni cinquanta egli aveva cambiato il titolo chiamandolo *I giorni del Lodo De Gasperi*, perché il romanzo prende l'ispirazione dagli eventi avvenuti agli inizi del 1948 a San Vito al Tagliamento per l'attuazione del "lodo De Gasperi" che era stato promesso due anni prima nel 1946. Esso consisteva nell'assegnare ai mezzadri una serie di compensi quale risarcimento degli intralci al lavoro e dei danni di guerra. L'agitazione dei contadini proseguì fino al 12 gennaio, quando gli agrari promisero di assumere centoventi disoccupati. La Camera del Lavoro chiese invece che i disoccupati da assumere fossero seicento, corrispettivamente al 50% della forza lavoro. Il 13 gennaio le trattative fallirono e così si venne allo scontro diretto. I mezzadri e disoccupati si presentarono alle varie aziende agricole per ottenere quello che secondo loro era garantito dalla legge. Durante le manifestazione i contadini attaccarono la villa della proprietà Rota. I carabinieri del luogo per sedare la manifestazione chiesero l'aiuto dell'esercito e della polizia di Padova e di Mestre. Durante lo scontro i contadini costrinsero le forze dell'ordine a ritirarsi e durante la serata l'amministrazione Rota accettava le richieste del sindacato agricolo e così i contadini abbandonarono la villa. Alla notizia di questo accordo ci furono altre manifestazioni nelle zone circostanti che si conclusero soltanto il 30 gennaio 1948 con l'intervento del tribunale di Udine. Come si vede Pasolini sviluppò il romanzo intorno a questi episodi storici sebbene solo dopo l'esperienza romana il romanzo acquista la forma e la tematica dell'edizione che ora esiste. La prima edizione era molto più personale perché le stesure incompiute del romanzo presentano due personaggi, il prete Don Paolo e una donna Renata, che non sono altro che due aspetti della personalità di Pasolini durante i primi anni della sua militanza comunista nel Friuli. Quando Pasolini pubblica il romanzo nell'edizione attuale, elimina questi due personaggi, perché ormai non servono più; egli infatti aveva ammesso pubblicamente di essere un omossessuale e non viveva più quella segreta passione solo nel suo intimo. Sotto l'influenza dei giovani romani e dei due romanzi, *Ragazzi di vita*, e *Una vita violenta*, Pasolini cambia anche la struttura del romanzo, *Il sogno di una cosa*, e la sviluppa sulla storia e le vicende di tre giovani friulani che vivono l'epicità della rivolta contadina. Bisogna anche aggiungere che Pasolini nel 1962 aveva sviluppato la sua conoscenza della dottrina marxista, appena conosciuta negli anni 1944-1948, il che appare nel titolo del nuovo romanzo *Il sogno di una cosa*, il sogno era la speranza nella palingenesi sociale, tenuta ancora incoscientemente dai giovani friulani.

Nella prima stesura del romanzo le vicende dei giovani si intrecciavano a quelle private del prete Don Paolo. Pasolini durante la sua giovinezza nel Friuli aveva organizzato un doposcuola per insegnare il latino e l'italiano ai bambini. Don Paolo fa la stessa cosa e allo stesso tempo come Pasolini cerca di nascondere la sua omosessualità e il desiderio che sente per i ragazzi che aiuta. Anche il nome stesso, Paolo, è molto indicativo perché Pasolini ha sempre insistito che San Paolo sia stato un omosessuale e che la Chiesa Cattolica ha sempre cercato di nasconderlo. Il nome, Paolo, simboleggia l'omossessualità e anche la ribellione contro le istituzioni che non ammettono deviazioni dalla normalità. La donna della prima stesura, Renata, è una giovane comunista, amica del prete che cerca di capirlo e di aiutarlo. Entrambi lottano e cercano di uscire dagli schemi della loro vocazione ed ideologia. Don Paolo cerca la libertà sessuale che la chiesa non púo concedergli e Renata cerca una libertà morale e spirituale nel suo legame con la religione che la politica ostacola. Nel profilo dei due personaggi vive l'immagine di Pasolini che vive nella sua doppia personalità: ruolo di militante cristiano e di omosessuale. Nella stesura finale Pasolini li elimina perché negli anni cinquanta si era allontanato dal suo fervore cristiano che riapparirà soltanto dopo il 1966 con i film di tema evangelico come "Il Vangelo secondo Matteo", e il racconto, *Teorema*, poi film omonimo. A Roma Pasolini non doveva più nascondere la sua omosessualità, ora la viveva apertamente cercando di essere accettato così come egli era realmente; l'angoscia che l'aveva sempre attenagliato nel Friuli non serve piú. Nel Friuli Pasolini aveva sempre cercato di nascondere il suo dramma nella gioia esistenziale della vita vissuta a contatto con la natura e l'impegno politico. Solo nella sua raccolta di poesie, *L'Usignolo della Chiesa Cattolica*, il conflitto della sua angoscia interna appare con tutta la sua forza e drammaticità.

> Perdersi o fingere. Il dovere,
> celeste eredità, luce d'infanzia,
> sfolgora sul ventre umiliato.
> Mi perdo e fingo. E mi confido... oggetto
> del mio disprezzo e del mio perdono,
> esempio del vivente invidiato
> giovane nell'immagine del giovane...
>
> O mio caso, ti griderò agli ignoti:
> non sarò piú la faccia del prisma,
> e la mia solitudine sarà
> cantata. E se tra gli ascoltatori
> pietosi del ragazzo che si perde
> brillerà come un sole la menzogna,
> vedrò tutto intero il mio destino,
> e il prodigio... il Dovere...Sarò un morto.[8]

Il romanzo si compone di due parti; la prima inizia nel 1948 e si compone di otto capitoli. La seconda parte inizia nel 1949 e si compone di quattro capitoli. Nel primo capitolo facciamo la conoscenza dei tre giovani che saranno i personaggi piú importanti del romanzo. Nini Infant, Milio Bartalus e Eligio Pereisson si incontrano e fanno conoscenza durante la sagra del Lunedì di Pasqua a Casale, un paese sulla riva destra del Tagliamento, nel Friuli. Fra i tre Nini è il piú agressivo, disinvolto, attacca facilmente con le ragazze, e ha un temperamento vivace ed aperto. Egli ha i capelli biondi, gli occhi azzurri, un tempermento allegro, ed è sempre pronto a cantare e ballare. Si mette spesso a cantare accompagnandosi con una scopa, imitando canzoni e balli americani. Milio è il piú chiuso e taciturno dei tre, anche lui ha capelli biondi e occhi azzurri. Suona la fisarmonica, non balla mai e vuole emigrare in Svizzera. Per mezzo della sagra

Pasolini introduce la gioventù friulana che si diverte ballando e bevendo e che farà da sfondo ai tre personaggi principali. Dopo vengono introdotte le ragazze:

> Erano belle e ben accomodate: con le loro capigliature castane con la permanente di moda due o tre anni prima: abbondanti, del resto, fin sulle spalle; bei seni altrettanto abbondanti, sotto i vestiti leggeri... indossati per la prima volta il giorno precedente. (p. 14)

Conosciamo anche i giovani che sono sempre presentati come un gruppo dove gli individui non si distinguono mai:

> Poi si passò al periodo dei canti...
> ormai da un pezzo ubriachi, cantavano
> come dannati una canzone dietro l'altra,
> le più ampie che conoscevano... (p. 17)

Con la fine del giorno e il venire della notte si chiude il primo capitolo, ma l'amicizia fra Nini, Milio e Eligio era ormai fatta e crismata con il vino.

Il capitolo II incomincia in un locale dell'Enal, ma questa volta, esattamente un anno dopo il Lunedì di Pasqua, l'allegria dei giovani è un poco forzata. Cercano di distrarsi raccontandosi barzellette, ma incombe su loro la pesantezza di una difficile situazione economica e la necessità di trovare lavoro. Così il 14 luglio 1948, il Nini ed Eligio, con altri quattro amici, emigrano clandestinamente in Iugoslavia, e clandestinamente tornano, dopo alcuni mesi, affamati e delusi. La loro emigrazione e il ritorno vengono trattati nei capitoli III e IV.

Il capitolo V tratta dell'emigrazione in Svizzera di Milio. Milio era emigrato con tutte le carte in regole, ma alle dipendenze di un padrone le cui terre erano ipotecate e che ancora aveva difficoltà a pagarlo regolarmente. Il ritorno in Italia di tutti e tre i ragazzi avviene nel segno del recupero di una condizione di garanzie materiali e affettive: a casa non c'è la facile cordialità dei rapporti con gli amici e anche con le ragazze; in Iugoslavia, invece, i tentativi d'approccio con le belle ragazze slave, più spregiudicate e sicure, si rivelano frustranti per la timidezza e la goffaggine dei ragazzi.

Sul piano politico, l'esperienza con la realtà Iugoslava non comporta nessuna reale e profonda maturazione ideologica e restano attaccati al PCI perché offre loro un lagame per le loro lotte per l'applicazione del lodo De Gasperi. Questa legge era stata approvata dal governo per costringere i latifondisti ad assumere i braccianti disoccupati dopo la fine della Seconda Guerra Mondiale.

Il sesto capitolo apre con la riunione del partito PCI nella sede di San Giovanni per preparare l'occupazione dei terreni da parte dei braccianti contro i padroni che si rifiutano di addottare il Lodo De Gasperi. Le lotte contadine occupano i capitoli VI e VIII con l'interludio del capitolo VII dove l'autore introduce la famiglia Faedis, gli zii di Milio. Questa famiglia rappresenta la tipica famiglia patriarcale di contadini benestanti, legati alla chiesa e alla democrazia cristiana. Durante la pausa delle lotte viene introdotta Cecilia, una delle figlie di Faedis, che si innamora di Nini. Cecilia è una ragazza timidissima che non riesce a farsi notare e capire dal Nini e finisce con il farsi suora.

Il capitolo VIII segna la fine della prima parte e delle lotte contadine. Le sconfitta dei contadini viene introdotta con la descrizione del tempo: "Una triste e buia mattina", e viene accompagnata dall'intervento diretto della polizia e dei soldati arrivati a dare una mano forte alla polizia. I contadini sono costretti a fuggire sotto l'incalzare dei militi. I ragazzi sono sempre tra i protagonisti: i primi a offrirsi per portare la bandiera, gli ultimi a fuggire. Sono troppo pochi e disuniti e devono cercare rifugio nelle stalle per sfuggire all'arresto.

La seconda parte si apre nella casa dei Faedis, siamo nel 1949, ormai i contadini sono stati sconfitti. Assistiamo ai preparativi delle ragazze che si apprestano ad andare al ballo. Tante cose sono cambiate. Nini ha trovato lavoro e si è fidanzato. Eligio è malato e deve lavorare in una cava per aiutare la famiglia. Nei primi due capitoli non c'è vera azione o avvenimenti. Il narrare scorre fra la conversazione riportata dal narratore che ci descrive le serate in compagnia nella case dei Faedis.

Nel capitolo III Nini si innamora veramente di Pia e decidono di sposarsi. Nella seconda parte c'è uno scoppio nel deposito della Mangiarotti e ne rimane ucciso Ernesto, un amico di Nini che doveva sposarsi con una delle giovani Faedis. Il significato di questa morte sarà trattato nella parte critica del capitolo.

Nella seconda parte del capitolo Cecilia parte per farsi suora, ma anche qui non assistiamo ad un vero distacco, solo ad una accorata tristezza verso un periodo della vita che finisce. Con il capitolo IV avviene la morte di Eligio, logorato dalla malattia e dal troppo lavoro. Muore senza riuscire a pronunciare "una cosa", gli mancano le forze, ma resta il sogno. Per gli altri si è aperto uno spiraglio, che forse diventerà più grande di un sogno, cioè una vera e propria coscienza di una ricerca nuova per un mondo nuovo.

Per un'analisi ideologico-linguistica del romanzo bisogna incominciare analizzando le laceranti contraddizioni che il romanzo presenta. Qui non abbiamo i ragazzi di vita delle borgate romane, ma un paradiso terrestre dell'adolescenza vissuta nel ripetersi di un tempo quasi astorico ed eterno. La formazione di questo libro deve essere collegata negli anni fra il 1941 e 1953 sebbene il libro sia stato pubblicato molti anni dopo. Questi sono gli anni in cui il giovane Pasolini scriveva poesie in dialetto friulano e si attaccava al Friuli come terra madre e al dialetto come lingua da scoprire per avvicinarsi di più alla madre stessa. Pasolini stesso ha spiegato criticamente questo rapporto con il Friuli e con il suo dialetto. Nel saggio, *La poesia dialettale del Novecento*, egli spiega autocriticamente i due livelli del suo rapporto con il Friuli: da una parte l'attaccamento viscerale a quella lingua materna amata torbitamente e candidamente; e dall'altra una ricercatezza stilistica.

> ...Conoscere equivaleva a esprimere. Ed ecco la rottura linguistica, il ritorno a una lingua più vicina al mondo... Da tutto questo...doveva...nascere quella che forse è la più tipica poetica dialettale contemporanea: il dialetto usato come un genere letterario "atto a ottenere una poesia diversa" e nello stesso tempo

> l'attuazione, in questo dialetto, di certi motivi novecenteschi rimasti un po' latenti in italiano e vivi in altre letterature...[9]

In questo romanzo non si può parlare di dialetto, ma di sforzo poetico, divellamento o abbassamento della prosa a lirica.

Il romanzo dovrebbe rappresentare la crescita politica di tre giovani verso un sogno politico invece non abbiamo nessun cambiamento di coscienza politica, tanto meno psicologica. I giovani alla fine del romanzo sono tali e quali come al principio. Queste non sono critiche ingiuste perché durante il romanzo abbiamo una vera e propria lotta di classe, cioè uno scontro fra contadini e proprietari che si rifiutano di accettare il compromesso di De Gasperi. Durante la lotta stessa e nei giorni culminanti della battaglia politica si sente più il tono di una grande festa che un vero e proprio scontro di classe. Quello che doveva essere un romanzo epico di uno specifico momento storico diventa un romanzo lirico con tratti di epicità, quasi un racconto-poesia.

Il Friuli che a quei tempi era molto povero, era cioè una terra di immigrazione, una terra di poveri contadini che nel romanzo non viene mai ad assumere toni di vera miseria. I luoghi dove il romanzo si svolge, la destra del Tagliamento, è un'area depressa controllata da poche famiglie ricche, ma per Pasolini contano le feste. Il romanzo incomincia con una festa, "Lunedì di Pasqua", e continua da una festa all'altra che servono per mantenere un legame del tempo. I giovani vivono, con l'eccezione di pochi eventi, liberi dalla loro reale esistenza in un continuo atteggiamento di spensierata felicità. Alla loro felicità si accomuna il paesaggio sempre calmo e sereno come questi giovani.

Nel capitolo II affiorano i primi problemi economici che costringono i giovani ad emigrare. Bisogna notare che anche questa decisione è fatta così leggermente che sembra quasi uno scherzo. Sono più importanti le feste e il contatto quasi elegiaco-pastorale con la natura.

> Il laghetto splendeva liscio sotto le stelle. Essi si spogliarono svelti in mezzo alla boschina e si gettarono nudi nell'acqua. Era appena piovuto e l'erba era bagnata, i rami delle acacie gocciolanti: tutto riluceva sotto la luna. I ragazzi di Rasa, nudi correvano tra gli

alberi per scaldarsi. Il Nini, infilandosi le mutande sotto il fascio di luce della luna, raccontava agli altri della ragazza di Ramuscello che aveva accompagnato a casa, e Eligio non cretendogli lo sfotteva... Adesso erano tornate le feste di Pasqua. (p. 33)

In Iugoslavia vanno in cerca di un sogno, cioè il comunismo; non c'è nessuna presa di coscienza solo il senso dell'avventura. I giovani capiscono che non possono vivere in Iugoslavia dove le relazioni umane sono diverse, ma soprattutto non ci sono feste, dove possono bere vino e cantare. La descrizione della Iugoslavia da parte dello scrittore è molto vaga. Le citazioni dei luoghi geografici, potrebbero essere anche la Cina o l'America. Non c'è nessun approfondimento culturale o politico; tutto resta nel mondo dei sogni. I ragazzi hanno un lavoro, guadagnano bene, ma non possono vivere senza il Fruili di Pasolini, dove si vive beatamente senza complessi. Nini in Iugoslavia invece di attaccare con le belle ragazze sulla spiaggia pensa:

>...ai bagni nel Tagliamento. Ogni dopopranzo appena mangiato partivano da Lingugnana, verso Rasa, dove il braccio d'acqua del Tagliamento, dalle distese di ghiaia e di rovi, veniva a lambire la riva destra, fresca di saggine, di sambuchi, di pioppi: e, dietro l'argine, i vigneti dove l'uva stava diventando grigia; e i massi di cemento del riparo dove prendere il sole. A Rasa venivano i ragazzi di tutti i paesi... quello era il posto piú bello; l'acqua, benchè verde e profonda, era così limpida che si vedevano nel fondo i sassolini di ghiaia lucente. Erano tutti amici, lassù. (p. 51)

Che bella descrizione idillica, di un luogo che avevano lasciato perché non potevano vivere. Così pieni di malinconia e di nostalgia lasciano la Iugoslavia e tornano a casa.

A questo punto si inserisce la storia parallela di Milio in Svizzera che è forse la parte piú riuscita del romanzo. A differenza degli altri capitoli Milio racconta di prima persona. Questo capitolo si può considerare come un racconto nel racconto e si potrebbe avvicinarlo allo stile neorealistico.

Il protagonista racconta in prima persona un fatto accaduto in un determinato momento storico. Abbiamo anche un approfondimento nel capire e nel descrivere la cultura e il luogo dove l'azione si svolge: la Svizzera. Il racconto di Milio è molto minuzioso e particolareggiante. A differenza degli altri ragazzi in Iugoslavia, Milio cerca di capire la Svizzera, la gente, le ragazze e anche le relazioni economiche del suo padrone. Il padrone di Milio è un proprietario in rovina che possiede molta terra ma tutta ipotecata; per questo le cose non vanno molto bene per il giovane. Milio spiega anche una delle feste che ha visto in Svizzera a Morzat. In solo tre mesi ha capito che i contadini in Svizzera hanno maggiori possibilità degli Italiani, perché sono quasi mai famiglie numerose e perciò possono vendere quasi tutto il loro raccolto. Ogni casa ha una radio e un telefono, ma secondo lui gli Svizzeri hanno l'avarizia nel sangue, e non hanno molti riguardi per nessuno. La percezione di Milio, sebbene semplice e limitata, è molto acuta se paragonata agli altri.

Lo scontro fra i contadini e i proprietari è molto fiacco, manca l'ansia della preparazione dello scontro, tutto è visto dal punto di vista del giovane e non degli anziani, cioè degli uomini. Sembra che a Pasolini manchi la capacità ideologica di entrare nel mondo del vero lavoro, della sofferenza e della lotta di classe. Si perde nella descrizione dei giovani e spesso dei bambini, che partecipano intimiditi alla dimostrazione. Livio, il terzo fratello di Eligio, sarà il portatore della bandiera e ridendo la tira fuori:

> "Domani sventolerai in testa alle avanguardie di San Giovanni" disse, "Auguri". Gli altri risero divertiti alle sue parole. (p. 93)

Sono i bambini che prendono l'iniziativa, che gridano, cantano, esortano alla lotta. Gli uomini, gli adulti, non appaiono mai come protagonisti, mandano i giovani avanti. Solo quando arrivano davanti al proprietario, Pitotti, sono costretti a farsi avanti, ma nessuno ha il coraggio di parlare, vengono insultati dai proprietari e non sanno reagire. Un contadino mentre parla con Pitotti viene rimproverato:

> "Prima di tutto, caro lei" disse con improvvisa violenza Pitotti, "l'educazione insegna che ci si deve guardare in faccia quando si

parla insieme..." (p. 104)

Ancora una volta l'uomo non sa rispondere. Deve intervenire un giovane, Eligio, che viene descritto da Pasolini "Aveva un'aria minacciosa, che gli bruciava negli occhi fissi e senza colore." (p. 104)

Come si è visto anche negli altri romanzi, gli adulti non partecipano; sono sempre abulici e corrotti. Se negli altri romanzi il fatto poteva essere spiegato come polemica contro la borghesia che aveva creato l'inferno chiuso degli adulti del sottoproletariato, qui invece non si spiega così. Questi uomini che sono arrivati ad organizzarsi per protestare, per occupare le terre, dovrebbero essere più aggressivi e non lasciarsi condurre dai bambini. Sono proprio i bambini, il giorno dopo a salvare gli uomini. Il corteo si reca alla villa di Malacart che esce di casa con il fucile e si rifiuta di trattare con i dimostranti. Minaccia di sparare al primo che osa entrare. Onorino Pereisson, fratellino di Eligio, insieme con altri due compagni, coi calzoni corti, sono i primi ad entrare. Come si vede anche in questo caso sono i bambini che salvano la situazione difficile.

All'arrivo della polizia e dei soldati, venuti ad aiutare, sono gli anziani a disunirsi e scappare, limitandosi a scansare la polizia. Solo i giovani continuavano a star sotto l'autoblinda, a lottare. Alla fine anche loro fuggono:

> Tagliavano la corda proprio come quando, solo un anno o due prima, erano scoperti dai padroni a rubare le pesche o l'uva in qualche campo: e correndo si lanciavano grida quasi allegre, perché anche il riuscire a sfuggire era un successo sui poliziotti. (p. 143)

Quella che doveva essere la grande battaglia, la presa di coscienza, l'iniziazione di sangue, finisce quasi in una farsa. I giovani che erano stati i protagonisti scappano contenti e se ne vanno nelle stalle a giocare; chi a mora, chi alle carte e a bere vino. L'eterna festa della felicità giovanile continua anche dopo una così schiacciante sconfitta politica. Il morale non è toccato. Continuano ad essere quelli che erano e quelli che saranno, a contatto con la natura che aumenta la loro gioia di vivere e vitalità. Per i giovani tutto è una eterna festa che non può sopprimere il loro entusiasmo. La sera dopo la sconfitta politica se ne vanno a casa contenti e mentre camminano per le strade sentono le voci dei canti che escono dalla chiesa: "Del vino pan del ciel gran sacramentoso..." (p. 151). Allora i ragazzi per non darsi per vinti cominciano a cantare anche loro: "Avanti popolo, alla riscossa, bandiera rossa...bandiera rossa..." (p. 151). Pasolini riesce a cogliere il loro stato d'animo pienamente, con questo piccolo, ma significativo particolare. La sconfitta politica non ha lasciato traccia nel loro animo, non è servita nemmeno come lezione per il futuro. Le loro azioni sono solo dettate dalla spontaneità e dall'ardore giovanile, non c'è coscienza a livello politico ideologico.

Un altro aspetto molto importante da trattare è il ruolo della famiglia, della casa e della religiosità dei friulani. Questi tre aspetti sono raggruppati nella famiglia Faedis. Questa famiglia ha un capo patriarcale nel vecchio Erminio e vive in mezzo alla campagna. Essa non è ricca, ma produce abbastanza per vivere comodamente senza dover andare in cerca di lavoro. Per mezzo dei membri di questa famiglia Pasolini vuole mostrare l'importanza del focolare domestico e la religiosità dei contadini friulani. Gli uomini della famiglia, Erminio e Francesco, non vanno in chiesa, ma sono religiosi senza seguire pienamente la religione costituita. Sono anticomunisti e hanno imparato a soffrire e ad accettare la loro posizione nella società. La sera si riuniscono intorno al focolare; le donne parlano fra loro e gli uomini osservano facendo finta di non ascoltare, ma in verità sono sempre pronti ad intervenire per correggerle. Non è gente che va al bar oppure fuori a discutere. Stanno sempre insieme. Le donne passano il tempo cucinando e andando in chiesa. È una società molto simile al mondo descritto da Verga ad Acitrezza. Occasionalmente di sera si ubriacano fra loro e fanno festa. Pasolini non le lascia mai parlare da se, cioè le loro personalità sono descritte dal narratore del romanzo.

Avevano tutte la ridarella, ma non erano tanto ubriache da non

> accorgersene, e, per nasconderlo, facevano dei gesti goffi e
> ingenui, pulendosi le mani fuligginose nella taverna, e alzando le
> braccia al cielo per invocare il Signore, col risultato di vergognarsi
> sempre piú e di ritrovare in chissà quali pieghe della pelle
> screpolata un rossore da spose giovani. (p. 119)

Pasolini è riuscito a cogliere i lineamenti e gli atteggiamenti di queste donne, eppure mancano di vita propria. Lo scrittore da l'impressione di essere sempre presente con la narrazione diretta di quello che ha visto e ce la racconta, senza lasciare sviluppare le personalità individuali dei personaggi.

Il lagame delle donne con la religione è un legame rituale. Vanno in chiesa, rispettano le feste e temono Dio, ma la religione piú che sentita come sentimento spirituale, ha un valore pratico. La religione serve per mantenere la famiglia unita e far capire ai suoi membri il dovere e la rassegnazione. Per essere contenti a questo mondo bisogna godere del poco che si ha e rassegnarsi alla volontà di Dio. Questa filosofia di conseguenza porta una naturale avversione verso il comunismo. Questo'ultimo insegna alla ribellione e alla rivoluzione. I comunisti sono tutta gente senza religione. La religione è percepita nel senso dell'ubbidienza e della sottomissione.

> I comunisti...sono tutti delinquenti,
> gente che non ha voglia di lavorare!...
> matta d'una matta, ecco chi sono!...
> Dimmi un po': se tu avessi una figlia
> da maritare gliela daresti a uno di
> quelli? (p. 182)

La religione è intesa come conservazione della famiglia e dei suoi legami che una volta distrutti non si possono piú ricostruire.

In questo romanzo, abbiamo per la prima volta delle ragazze. Negli altri due non erano mai apparse come personaggi, ma soltanto di sfuggita. Qui invece le abbiamo coralmente quando le vediamo insieme alle feste o durante le serate invernali vicino al focolare di casa Faedis. Solo due ragazze assumono un ruolo rilevante, Cecilia e Pia. La prima è una delle figlie di casa Faedis. Lei è molto timida, chiusa, religiosa e non riesce mai a liberarsi dalla personalità del padre che la schiaccia. Si innamora di Nini Infant, ma sa benissimo che i genitori non l'avrebbero mai accettato, così soffre in silenzio e alla fine diventa suora. L'incontriamo la prima volta quando i giovani, dopo il primo giorno di lotta, vanno con Milio in casa Faedis. Si noti la delicatezza patetica con cui Pasolini la descrive:

> La prima cosa che videro, in fondo a un pianello, lì, sulla strada fangosa, tra i fili scompigliati delle viti, fu una ragazzetta pallida pallida, con una grande treccia in testa, che non si sapeva come faceva a reggerla, magra, minuta com'era. Aveva certi grossi occhi d'agnellino essi sì, degni della treccia ma che pareva che non potessero vedere, appunto come quelli degli agnellini appena nati. (p. 111)

La descrizione è molto sentimentale, e sfiora il patetico. La similitudine dell'agnellino è molto appropriata perché lei è veramente indifesa in mezzo a tanti lupi. La sua delicatezza e sensibilità non riescono a liberarla dal senso di colpa che prova quanto si innamora di Nini, un comunista, e la sua religiosità le da un senso di timore e di venerazione verso Dio. Lei si reca sempre in chiesa e ha un legame molto stretto con le suore, ma lei sente verso di loro un sentimento di inferiorità religiosa più forte delle altre. Mentre le altre ragazze covano pensieri di matrimonio, Cecilia ha paura di confidarsi anche con se stessa: "Il pensiero di Nini le dava solo come una specie di spavento, niente altro." (p. 125) Così quando Nini cerca di parlare per la prima volta, lei fugge via quasi come morta. Lei manterrà questo suo amore fino alle fine senza farne parola a nessuno, perché sa che non lo permetteranno mai. La religione come la vogliono i genitori le ha insegnato a rassegnarsi e così quando Nini sposa Pia lei si fa monaca.

Pia è una ragazza completamente diversa da Cecilia. Non va in chiesa, non ha sentimento o paure religiose. Lei sembra superba, ma in fin dei conti è una ragazza come tutte le altre sulla destra del Tagliamento: vuole trovare un uomo per sposarsi. Lei è stata in città da piccola e ha imparato a cantare e ora tornata in paese cantava con un piccolo complesso in una sala da ballo. Pia è piú grande di Cecilia, ha venditue o ventitrè anni. Ha capelli lisci lunghi, è sottile, con occhi neri e la pelle bianca e dolce come la luna. Lei sembra una di quelle tante ragazze di provincia che vanno in città e per far vedere che si sono civilizzate leggono *Grand Hotel*. Dimostra subito di non avere complessi verso gli uomini, accetta di andare con Nini e compagni. Il suo modo di fare cittadino, le sue guardate stanche e sessuali non sfuggono al narratore che si diverte a prenderla in giro:

> Pia lo guardava, tenendo le mani sul *Grand Hotel* sopra il bancone, con quei suoi occhioni neri, aperti e pietosi che parevano dire: Torna a casa, Lassie! (p. 172)

Il riferimento a Lassie è molto appropriato perché sotto quegli occhi neri, c'è veramente una brava ragazza che cerca amore. Nini ne resta innamorato e quando si accorge che Pia è incinta si sposano. Pia accetta tutto come un vero Lassie anche quando il Nini decide di fare l'amore con lei. Lei più che civettuola sembra una vittima, che subisce gli attacchi con rattristata e stupita rassegnazione e malinconia. Le ragazze di Pasolini sono sempre malinconiche, solo fra loro sono chiassose e libere. Il sesso non è mai fonte di piacere o gioia ma malinconia. Cecilia, per esempio, è contenta solamente quando prega la Madonna e ridice in continuazione le sue preghiere con orgasmo.

Un altro aspetto da trattare in questo romanzo è la morte, che accade solamente due volte. Il primo a morire è Ernesto. Non sappiamo molto di lui, all'infuori di quello che sta per sposarsi con la sorella di Cecilia, Ilde, e che è amico di Nini. Nini lo chiama amico di prete e per ciò è bene accettato dai Faedis. Ernesto lavora in una polveria, la Mangiarotti, e una notte muore durante una esplosione inaspettatamente. Ideologicamente o tematicamente la sua morte non ha nessun significato. L'unica ragione che le si può attribuire è la ricorrenza del trauma nella personalità di Pasolini dopo la morte del fratello, Guido, ucciso innocentemente nel 1945. In ogni suo romanzo muore un innocente senza motivo. La realtà, la precarietà della vita umana ricorre eternamente nei suoi scritti.

L'altra morte è quella di Eligio, il piú povero dei tre ragazzi principali del racconto. La famiglia dei Pereisson è la piú povera di quelle che conosciamo nel racconto. Trovo ben fatta la morte di Eligio e molto riuscita. Il piú povero dei tre amici muore perché è quello che lavora e si sacrifica di piú. La sua morte ha un valore emblematico. Pasolini sembra si sia accorto che nel romanzo non c'è stato uno sviluppo ideologico o politico. Tutti sono rimasti come erano; per questo nemmeno quando Eligio muore riesce ad esprimere un pensiero finito, ben concepito, soltanto "una cosa". In verità pareva che dicesse "una cosa" nemmeno sul punto di morire riesce a comprendere quello che aveva cercato senza saperlo coscientemente per tutta la vita: il socialismo. La morte, cioè la fine di una vita, che dovrebbe fissare eternamente qualcosa di compiuto resta "Il sogno di una cosa". Solo attraverso la morte si avverte il dolore di questo mondo popolare abbandonato a se stesso, ma resta caso unico e isolato che da solo non può salvare il romanzo.

Linguisticamente il romanzo non presenta evoluzioni o progressi dagli altri due già pubblicati. Si può parlare di un ritardo, o regresso linguistico. Negli altri romanzi Pasolini, per mezzo del discorso indiretto libero e dell'uso dell'imperfetto, era riuscito ad entrare nel mondo del sottoproletariato a coglierne la propria vitalità. Essendo culturalmente diverso, egli per mezzo del discorso diretto e indiretto cerca di ricomporre esattamente la lingua e il modo di pensare dei giovani di borgata. Pasolini aveva riconosciuto questo sistema linguistico come l'unica alternativa per uno scrittore borghese che vuole attuare in letteratura l'insegnamento politico-culturale gramsciano. In questo romanzo non abbiamo niente di quella minuziosa ricostruzione linguistica del romanesco di borgata. Il romanzo presenta una lingua compatta, unificata, quasi lirica. Pasolini usa la propria lingua per far parlare i contadini friulani; non c'è uso di dialetto. Non ci sono esempi di lingue o parlate diverse se si fa eccezione alle poche frasi in dialetto friulano riportate dallo scrittore, che poi le traduce in italiano. Solo quando i giovani si trovano in Iugoslavia e sentono la nostalgia del Friuli Pasolini li fa cantare un po' in friulano:

> O se biel castel di Udin-
> o se biela zoventat...
> Al ciante il gial- al criche il di-
> Adio bambine- J ai di partì (p. 53)

Anche in questo caso, Pasolini traduce in italiano la canzone. Non lascia mai la possibilità di esprimersi a questi giovani; per questo sembra che i loro discorsi siano sempre tradotti in lingua dallo scrittore. Neppure quando siamo nel vivo della lotta fra i contadini e signori proprietari abbiamo una differenziazione linguistica dei protagonisti. Sappiamo che non parlano la stessa lingua perché Pasolini stesso ci dice che i contadini parlano dialetto friulano e i padroni si esprimono con un dialetto veneto della terraferma, usato nel Friuli dai borghesi. Trovo molto strano che un letterato come Pasolini che difendeva il friulano come lingua e che aveva già pubblicato una raccolta intera di poesie in friulano non faccia uso affatto del dialetto.

Un altro aspetto della lingua è la sua poeticità, tutte le volte che lo scrittore descrive i luoghi o la natura. La prosa viene innalzata a livello poetico.

> Il sole era ancora abbastanza alto perché ci si potesse rassegnare alla fine della giornata festiva. I suoi raggi illuminavano i campi vuoti, un vuoto immenso, dai muri della vecchia casa, dalla pompa, dal gran noce, fino ai monti della Carnia, pallidi come cenci, languidamente dorati sul viola. (p. 195)

Da questa descrizione si potrebbe benissimo creare una poesia in endecasillabi sciolti. Si noti anche la descrizione di Eligio sul letto di morte:

> La faccia consumata, i capelli, le spalle che sporgevano dal

> lenzuolo parevano di un bambino di tredici anni.
> Più ancora che bianca, la pelle era di un color senza nome, quello dei visceri, che non hanno mai visto la luce; sul riflesso delle coperte era come una macchia gialla, ma più chiara, dove non si distinguevano più le labbra e nemmeno le pupille, divenute pallide e opache anch'esse come la carne. Le ossa del viso sporgevano, allungandolo dagli zigomi al mento: era forse questo che aveva sfigurato Eligio fino a non farlo riconoscere. (p. 207)

Quella che doveva essere una descrizione di un corpo sfigurato da una esistenza disperata e ridotto male dal troppo lavoro assume un valore diverso. La lingua e gli aggettivi come *bianca*, "un color che non ha mai visto luce", oppure *gialla, chiara, pallide*, danno alla descrizione l'effetto che qui si tratti di un vecchio di una poesia del decadentismo o quasi crepuscolare. Non sento la tristezza della miseria, di una vita passata sui campi a sgobbare; è una descrizione di gusto tutto letterario, senza tratti tragici di realismo.

Il romanzo, *Il sogno di una cosa*, appare molto interessante per l'atteggiamento di Pasolini nella ricerca di entrare nel vivo di una determinata situazione storico-politica. Questa ricerca non riesce mai ad entrare pienamente nella coscienza o nella mentalità del popolo friulano e dei loro problemi. I giovani con le loro feste e la loro vitalità rimangono sempre i personaggi centrali del romanzo. La miseria, la disoccupazione, l'emigrazione, le lotte per il lodo De Gasperi, gli scontri con la polizia, i rapporti fra comunisti e chiesa cattolica sono appena toccati, mai approfonditi. Ogni personaggio resta isolato nelle proprie feste ed esperienze che nell'insieme sono riassorbite nell'eterna giovinezza consumata sulle belle rive del Tagliamento dove si vive felicemente e si sente soltanto un lieve sentimento di malinconia. Le parole di Milio in Svizzera potrebbero servire come epigrafe del romanzo:

> Mi ricordano di Rasa...Erano belle quelle ore: noi giovanotti lavoravamo alla pompa mentre i vecchi o i ragazzetti portavano ad abbeverare gli animali, e poi andavamo a cambiarci perché verso sera, nei nostri paesi, c'è sempre un po' di festa. (p. 86)

# CAPITOLO VI

## *PASOLINI COME INTELLETTUALE E UOMO*

Tutta l'opera di Pasolini, sia politica, letteraria o saggista appare come un continuo tentativo di rottura e rivolta contro la lingua accademica. Pasolini muove da una rivolta contro l'italiano letterario che secondo lui non rispecchia la realtà storico-linguistica della nazione. Si rifà molto poeticamente alla distinzione gramsciana poi approfondita da Gianfranco Contini che distinguevano due tradizioni linguistiche italiane. La prima è la tradizione della lingua centralizzata, imposta dalla tradizione classica, che per purezza si rifà al Petrarca. L'altra invece segue la tradizione plurilinguistica che da Dante arriva al naturalismo, cioè al verismo di Verga. Da questo amore per l'italiano meno classico e piú popolare nasce il suo attaccamento e amore per il dialetto.

L'interesse per il dialetto assume forme di vera e propria ricerca filologica per tutti i dialetti italiani e va alla ricerca di canzoni e poesie popolari. Pasolini cerca sempre di ampliare il suo interesse sul dialetto su un discorso piú vasto per includere la cultura e la società, quasi a farne una vera ricerca sociologico-linguistica; per questo il suo lavoro ha sempre risonanze ideologiche e sociali. Nel saggio *Le novelle del Ducato in Fiamme*,[1] Pasolini spiega il fenomeno linguistico che lo scrittore del suo tempo deve affrontare e capire prima di scegliere una propria lingua per poi usarla nel suo lavoro letterario.

Proprio da questo schematismo linguistico nasce il suo attaccamento al friulano come dialetto in opposizione all'italiano accademico. Il suo primo esordio poetico avviene proprio in dialetto friulano, ma con esso nascono anche le prime contraddizioni ideologiche della sua ricerca poetica. Il dialetto non è solo ricerca di una lingua da contrapporre al canone monolinguistico dell'italiano accademico ma è anche ricercatezza stilistica e creazione selettiva di una lingua privata ed eletta. A livello personale il friulano si presenta anche come ricerca per capire meglio e scoprire la madre. Questi due aspetti sono pienamente spiegati dallo stesso Pasolini in una autocritica fatta sul proprio lavoro negli anni sessanta. Parlando del periodo in cui furono pubblicate le sue poesie in dialetto friulano, negli anni '40, Pasolini spiega le ragioni della scelta:

> Ora, c'è stato un periodo di questa nostra storia in cui l'unica libertà rimasta pareva la libertà stilistica: il che implicava passività stilistica: il che implicava passività sul fronte esterno e attività sul fronte interno. Ma non poteva trattarsi che di una libertà illusoria... Tuttavia... dotava chi iniziasse il suo apprendistato fra il '30 e il '40 e, in parte, tuttora- del senso di una estrema libertà stilistica: una lingua fondamentalmente eletta e squisita, classicistica nella sostanza, con le tangenti però della dilatazione semantica, del postiche, della programmaticalità pseudorealista... In un simile tipo di lavoro, non si poteva non avere il senso, inebriante, di essere estremamente liberi: quasi che non ci fosse fine alla catena delle invenzioni. Era addirittura possibile inventare un intero sistema linguistico, una lingua privata... trovandola magari fisicamente già pronta, e con quale splendore, nel dialetto (secondo l'esempio, in nuce, del Pascoli).[2]

L'altro aspetto cioè quello tutto personale, gli permetteva di far diventare il Friuli terra di nostalgia per un mondo e per una lingua non sua, ma materna, cioè parlata da quella donna e da coloro che lui amava con tanta dolcezza e violenza. Questo processo è un vero e proprio regresso da una lingua ad un'altra, un regresso lungo i gradi dell'essere. Pasolini non conosceva il friulano perché era nato a Bologna da padre ravennate e da madre friulana; per questo l'impadronirsi del friulano era una transizione culturale e linguistica da una cultura artificiale (l'italiana) ad una cultura vera, innocente e ricca di vitalità espressiva. Da questa operazione nasce una poesia tutta particolare che si avvicina all'arcaico, al mitico. Egli è più interessato a riscoprire "l'antica freschezza" del dialetto friulano che a scrivere una poesia popolare. Il Friuli indicherà per Pasolini quell'Italia dantescamente umile e autentica da contrapporre all'Italia ufficiale.

Pasolini studia la lingua parlata sulla destra del Tagliamento e ne cerca di riprodurre i suoni nella sua poesia dialettale. Il mondo friulano risente della ricercatezza tutta colta e letteraria del giovane poeta che si rifà alle poesie provenzali di Peire Vidal:

> Con il respiro tiro verso di me l'aria che io sento venire di Provenza tutto quanto e di laggiù mi da piacere.

Per mezzo della rievocazione poetica Pasolini cerca di rivivere la felicità giovanile e i periodi di ferie trascorsi in quei luoghi con la madre.

Nel 1947 si inserisce nella tematica e nella ricerca artistica un'altra scoperta: quella che lui stesso definì la scoperta di Marx. Con questa scoperta ideologica Pasolini incomincia a riscoprire il Friuli in termini più storici e sociologici. Il mondo semplice, primitivo, innocente del Friuli incomincia ad esprimere una coscienza nuova di se, della sua realtà, che sta diventando storica e sociale. Lo sfruttamento cui sono sottoposti i poveri contadini friulani acquista un nuovo aspetto e si inserisce in determinati momenti storici. Questa nuova visione sociale del Friuli appare nelle sue poesie e nel romanzo, *Il sogno di una cosa.* Come abbiamo visto nel capitolo precedente anche quando Pasolini si impegna socialmente e storicamente il mito del Friuli è pur sempre presente. Si presenta sempre come la terra della gioventù, del paesaggio morbido e nostalgico, dove si vive quasi sempre inconsapevolmente felice e innocente. Per questo Nini, Milio, ed Eligio servono più come figure di questo mondo misterioso e religioso dove si vive nello accoramento della solitudine, più che nella povertà e nello sfruttamento, visti come problemi sociali di un mondo contadino.

Dopo l'espulsione dal partito per corruzione in pubblico, e il forzato allontanamento dalla terra tanto amata, Pasolini si ritrova a Roma. Aveva lasciato il Friuli scoraggiato e deluso e qui viene a conoscere un mondo completamente nuovo: le borgate romane. A questo punto Pasolini cerca di dare alla sua crisi un aspetto storico e d'inserirla nella società che lo circonda. La scoperta delle borgate diventa critica verso la società borghese che ha creato questi inferni sociali. Il lavoro di Pasolini diventa una ricerca razionale e storica emblematizzata sotto il binomio Marx-Gramsci. Questi ultimi dovranno aiutare l'intellettuale borghese in crisi, che vive in una società in crisi, ad uscirne. Per questo Pasolini dichiara apertamente che esiste per il letterato borghese una scienza razionale per capire ed affrontare il mondo attuale:

> Oggi una nuova cultura, ossia una nuova interpretazione intera della realtà, esiste, e non certamente nei nostri estremi tentativi di borghesi d'avanguardia nello sforzo sempre piú inutile di aggiornare la nostra: esiste, in potenza, nel pensiero marxista; in potenza, che l'attuazione e da prospettare nei giorni in cui il pensiero marxista sarà (se è questo il destino) prassi marxista nella storia di una nuova classe sociale organizzante la vita... Ma benchè in forma potenziale, esiste, agisce, già oggi, se quel pensiero marxista determina... una lotta politica e quindi una crisi nella società e nell'individuo...[3]

A livello strettamente letterario Pasolini si rende conto che il Neorealismo come avanguardia letteraria è tramontato, ma allo stesso tempo non lo ripudia totalmente. Egli attraverso lo Sperimentalismo cerca di continuare un realismo basato sugli insegnamenti gramsciani del nazionale-popolare. Il rinnovamento culturale doveva coincidere con una problematica morale, con un'esigenza ideologica di conoscere il mondo e con una lotta innovatrice da condursi sul piano etico-culturale. Tale procedura sarebbe l'unica praticabile da parte di un intellettuale che voglia trovarsi con i propri sentimenti al punto in cui il mondo diventa rinnovato dalla nuova cultura marxista.

Come si vede, Pasolini continua a credere nella storia e nel ruolo ideologico dell'intellettuale nel processo di rinnovamento. Su questa linea ideologica Pasolini pratica l'allargamento che doveva servire come polemica culturale-sociale, ma anche come rottura di quell'italiano fittizio e accademico che lui chiama nazionale. Secondo Pasolini il Neorealismo aveva creato un allargamento linguistico, ma esso era stato una forma di conoscenza immediata, a fine documentario, un semplice gusto letterario. Pasolini si propone di creare un'idea della realtà, cioè una vera rappresentazione totale della realtà vissuta dal sottoproletariato. Per questo studia attentamente le mosse e i modi dei giovani delle borgate romane come se ne facesse uno studio etnologico e sociologico.

Stilisticamente Pasolini usa il discorso indiretto libero. Questa forma grammaticale serve a parlare attraverso il parlante e accettarne la modifica psicologica e sociologica del parlante stesso. Pasolini si rifiuta di usare il monologo interiore perché l'autore ci rivive solo i pensieri del suo protagonista; egli vuole di piú. Egli cerca e vuole le parole stesse del personaggio, non vuole mistificare i loro pensieri, perché sa benissimo che appartengono ad un diverso livello sociale, classe sociale, lingua e morale. Secondo Pasolini le parole esprimono interamente il personaggio, perché solo le parole possono rendere interamente il mondo psicologico, culturale e storico del parlante. Pasolini in un saggio critico ci spiega:

> ... Il "discorso libero indiretto" non può che essere scritto in una lingua ... e la poesia, in quanto lirismo o espressività, nasce dalla contaminazione, nell'urto tra due anime, talvolta profondamente diverse...[4]

Nei romanzi analizzati da questo lavoro si vede l'importanza della lingua e lo studio sociologico culturale fatto da Pasolini. La sua ricerca sociologico-linguistica prevale sui due romanzi, *Ragazzi di vita* e *Una vita violenta*. Pasolini riesce a raccogliere esattamente la lingua e il modo di pensare dei giovani, e anche i loro atteggiamenti e affettazioni. Tuttavia, i protagonisti non riescono mai a diventare persone umane vere e proprie. Per questi romanzi non si può parlare di turpiloquio, ma forse di troppo realismo che diventa quasi documentario di una vita infernale. Gli attacchi portati a Pasolini per oscenità linguistica sono veramente difese dell'unilinguismo culturale che egli voleva distruggere. In una poesia, "La reazione stilistica", Pasolini scrive:

> ... il vostro unilinguismo é una difesa!
> La lingua è oscura
> non limpida — e la Ragione è limpida,

> non oscura! Il vostro Stato, la Vostra Chiesa,
> vogliono il contrario, con la vostra intesa.
> Sono infiniti i dialetti, i gerghi,
> le pronunce, perché è infinita
> la forma della vita:
> non bisogna tacerli, bisogna possederli
> ma voi, non li volete
> perché non volete la storia...[5]

Dopo questi tre romanzi, Pasolini non pubblicò piú romanzi. Tante cose erano cambiate: la svolta politica rappresentata dal XX Congresso de PCUS e la denuncia dello stalinismo. Dopo vennero i fatti di Polonia e Ungheria. Il PCI rinuncia, con l'ottavo congresso, ad alcuni capisaldi del leninismo e apre culturalmente verso discipline neocapitalistiche.[6] In Italia c'era stato il falso boom economico e l'entrata nella fase del neocapitalismo. L'industria culturale tende a superare la fase artigianale, affrontando un processo di concentrazione e d'integrazione nelle grandi multinazionali.[7] Nasce un mercato di massa per i beni culturali. Lo sviluppo culturale estende la diffusione della televisione e della radio. Il tutto provoca una profonda trasformazione tanto del pubblico quanto della condizione stessa dell'intellettuale. La cultura umanistica interessa sempre di meno in una civiltà in cui l'immagine e il suono soppiantano la parola scritta. Pasolini scopre il cinema, come mezzo della rappresentazione totale della realtà. Il cinema riesce a ricomporre meglio la realtà perché presenta la lingua insieme alla figura del parlante. Non si possono scrivere piú romanzi perché secondo Pasolini, in Italia stava nascendo una nuova lingua: la lingua della seconda rivoluzione industriale, una lingua borghese, della tecnologia, dell'azienda, portata avanti dal nord industrializzato. Questa rivoluzione stava distruggendo l'espressività linguistica. La nuova lingua sarà basata sulla comunicatività non sulla espressività. Pasolini si sente solo contro tutti. Il Potere vuole che si parli in un dato modo, dettato dalla televisione. Per un letterato versato sempre alla lotta come lui non resta che girare film, perché la fisicità, la voce e il corpo di una persona non possono essere colonizzati dal potere come la lingua.

Pasolini riconosce che l'interesse dell'intellettuale si è completamente spostato su un altro tipo di lotta culturale e non vuole restare in compagnia della fantasia "ritardata" degli scrittori italiani. Continuerà a scrivere poesia solo per continuare a lacerare i propri tormenti e di presentarsi come Cristo in Croce nella sua tumultuosa esperienza:

> Ho perduto la forza;
> non so piú il senso della razionalità
> decaduta si insabbia
> - nella tua religiosa caducità -
> la mia vita, disperata che abbia
> solo ferocia il mondo, la mia anima rabbia.[8]

Chi è Pasolini? Come scrittore il suo lavoro letterario non può essere separato da quello critico. L'atto della creazione critica non è mai spontaneo, ma studiato, criticato e poi applicato alla narrativa o alla poesia. Le sue scelte linguistiche e tematiche nascono dalla ricerca di trovare una risoluzione alla crisi segnata dalla reazione al Neorealismo. Qualsiasi cosa i critici dicano sul valore teorico del Neorealismo, bisogna ammettere che influenzò la cultura italiana del dopoguerra. Con il passare degli anni la sua forza di rottura culturale ed innovativa andava dividendosi e affievolendosi. Gli anni fra il '55 e l'inizio del nuovo decennio furono i piú critici per le discussioni sul realismo in generale. L'atmosfera culturale e idealistica del periodo dopo la Resistenza si era dissolta dando luogo a reazioni e a nuove forme di ricerca. Pasolini nel tentativo di ridare vita al Neorealismo cerca una serie d'invenzioni stilistiche e linguistiche e si avvicina alla estenuazione stessa della realtà. Cioè il suo realismo doveva essere totale, includendo non solo personaggi popolari, ma anche i suoni, i diversi modi di espressione del popolo. Lo scrittore non poteva usare l'italiano tradizionale perché avrebbe negato la vita, la cultura e l'essere stesso del personaggio popolare. Per Pasolini le cose, la realtà non parlano se l'autore non le fa parlare dando alle parole un significato storico. La vita pratica si svolge sempre ad un livello culturale, per questa ragione lo scrittore, ricco di cultura borghese, deve operare una operazione critica e ideologica. L'ideologia moderna cioè quella marxista, è secondo lui l'unica che possa rinnovare il mondo. Una volta che lo scrittore si è impadronito di questa ideologia deve cercare di creare un'opera creativa, altrimenti creerebbe un'opera filosofica, o sociologica o forse etnologica. A questo punto per superare il problema interviene l'operazione letteraria che è una operazione d'invenzione stilistica. Ecco l'innovazione di Pasolini rispetto agli altri scrittori veristi o neorealisti. Usando la tecnica dell'impressionismo-realistico egli cerca di risolvere il problema del realismo nell'opera letteraria. Nella cultura italiana tutte le volte che uno scrittore abbia voluto tradurre la realtà popolana, non in documento, ma in prospettiva artistica, ha dovuto ricorrere ad un abbassamento linguistico della lingua letteraria. Abbiamo avuto una mescolanza di stili, l'uso dell'ipotassi e della paratassi nel Boccaccio e nel Novellino. Con Manzoni abbiamo avuto un abbassamento della lingua letteraria verso quella parlata, ma Manzoni ricorreva spesso alla traduzione dei pensieri dei personaggi umili in lingua. Con il verismo abbiamo assistito alla mimesi del parlato attraverso il discorso indiretto libero, con il quale Verga desumeva il linguaggio dei poveri pescatori siciliani. In Gadda abbiamo un esempio di lingua eterogenea come nel caso di *Quer pasticciaccio brutto de via Merulana*. Egli innesta il dialetto nella lingua media italiana, al quale s'insinua anche la lingua burocratica degli impiegati statali. Ma il suo forte sta nella forma composta che riesce a ritrarre la realtà vissuta nel medesimo tempo dall'autore e dai suoi personaggi, in un simultaneo compenetrarsi di narrazione e di vari discorsi diretti e l'uso frequente dei dialetto. Pasolini fu influenzato da Gadda, ma come Pasolini ebbe a dire di Gadda, la sua opera non è in funzione critica, il suo realismo non è prospettivismo. Egli si esprime in modo naturale accettando le istituzioni come buone e non critica il mondo storico che lo circonda ma critica soli gli istituti che non funzionano come dovessero. Pasolini vede in Gadda uno scrittore di valore assoluto, ma un pò inattuale per un esame storiografico.

Con Moravia abbiamo la contaminazione tra lingua letteraria quasi media e il dialetto o l'italiano fortemente dialettizzato. Moravia sostituisce l'egli del libero indiretto con l'io per far rivivere meglio i propri pensieri. Con lui abbiamo anche la tendenza di omologare ogni psicologia umana a quella dell'autore stesso che è psicologia borghese. Dopo la Resistenza si assiste a un tentativo di riunificare le due lingue italiane: quella letteraria e quella parlata attraverso i discorsi diretti. Pasolini spinge piú avanti questa tendenza realistica mettendo sullo stesso piano lingua, dialetto e gergo. Egli stesso spiega le sue motivazioni

> Ma a me sembra impossibile affermare che rivivere i pensieri o rivivere il particolare discorso che esprime quei pensieri sia lo stesso fenomeno. Un autore può rivivere i pensieri e non le parole che li esprimono, solo in un personaggio che abbia almeno la sua educazione, la sua età, la sua esperienza storica e culturale: in altre parole, che appartenga al suo mondo. Allora accade un fatto terribile; che quel personaggio è unito all'autore dal fatto sostanziale di appartenere alla sua ideologia. La cosa piú odiosa e intollerabile, anche nel piú innocente dei borghesi, è quella di non saper riconoscere altre esperienze vitali che la propria: e di ricondurre tutte le altre esperienze vitali a una sostanziale analoga con la propria. È una vera offesa che egli compie verso gli altri uomini in condizioni sociali e storiche diverse. Uno scrittore borghese, anche nobile, anche alto, che non sappia riconoscere i caratteri estremi della diversità psicologica di un uomo dalle esperienze vitali diverse dalle sue e che anzi, creda di impadronirsene cercando delle sostanziali analogie, quasicchè altre esperienze che la sua non fossero concepibili - compie un atto che è il primo passo verso forme di difesa dei privilegi e addirittura di razzismo: in tal senso egli non è piú libero, ma appartiene deterministicamente alla sua classe: non c'è soluzione di continuità tra lui e un commissario di polizia o un boia dei lager.[9]

Secondo me questo è il contributo di Pasolini alla letteratura italiana. Egli ha scoperto e cercato di risolvere il problema artistico di come ricreare la realtà in forma artistica, mantenendo la carica d'energia che essa veramente ha e che l'autore distruggerebbe o non conoscerebbe se non si facesse anche sociologo o filologo allo stesso tempo. Per questa ragione egli appare molte volte come uno scienziato davanti ai suoi personaggi, ma per Pasolini, scrittore, critico e letterario è l'unico modo per ricostruire la realtà effettuale e totale delle cose e dei personaggi. Pasolini affronta il problema da scrittore e artista impegnato e non solo da militante o antropologo o riformatore sociale. Se lo paragoniamo ad un suo coetaneo e amico possiamo vedere esattamente la differenza fra le due posizioni. Lorenzo Milani (1923-1967) nel suo libro *Lettera ad una professoressa,* muove una critica al carattere classista della scuola e della lingua italiana. La scuola italiana dietro falsi principi di neutralità nasconde interessi di potere non solo culturali, ma anche politici. La lingua viene usata come forma di discriminazione e selezione classista, perciò Milani vuole che i poveri imparino bene l'italiano, non solo come conversazione banale, ma come arma per poter combattere con la borghesia che li schiaccia. La lingua diventerà così parola scuola, parola che arricchisce culturalmente. Pasolini non si pose mai questo problema sociale, lui porta avanti una critica di ricerca artistica alla lingua italiana. Quello che conta per lui è il rapporto tra gli scrittori e la lingua letteraria che non è nazionale perché non parlata. Egli deve risolvere il problema artistico della scelta del linguaggio narrativo davanti ai suoi personaggi che non parlano la lingua culturale dello scrittore stesso. Egli è interessato anche alla polemica sociale, alla denuncia contro la borghesia, ma questi aspetti sono inclusi e subordinati alla ricerca letteraria che per lui diventa ricerca linguistica. Pasolini sarà sempre ricordato per questa operazione che può sembrare antinarrativa perché diminuisce la validità inventiva dei romanzi, ma in realtà è l'unica scelta per un letterato borghese munito di una lingua non nazionale che voglia ricostruire un livello sociale e culturale di un personaggio appartenente ad una classe diversa. Per Pasolini non basta ricostruire pensieri, bisogna ricostruire anche la lingua perché essa è cultura e vita.

Nei tre romanzi presentati in questo studio, Pasolini mette in atto questa sua ricerca ideologico-linguistica. Nel primo *Ragazzi di vita*

(1955), egli cerca di cambiare la struttura del racconto e di individualizzare la storia su un solo personaggio; Tommasino. Il tentativo di quest'ultimo di conquistare una coscienza politica e militante viene interotto dalla tubercolosi e dalla morte. Pasolini vuole dirci che per il sottoproletariato l'unica redenzione è la morte stessa, come solo atto di realizzazione di una vita vissuta senza scopo. Ideologicamente la soluzione è fiacca, ma per lui la realtà deve essere rispettata senza prospettivismo consolatorio e deformante. In tutti e due i romanzi Pasolini usa come contenuto il sottoproletariato romano, non per frenesia di attualità meschine e mondane, ma per ragioni personali, politiche e artistiche. Individualmente era affascinato dalla vitalità di questo popolo abbandonato a se stesso. Politicamente presentava problemi sociali che la borghesia nascondeva o ignorava. Artisticamente presentava l'opportunità di mettere in atto le sue ricerche stilistiche. Come può essere incluso il terzo romanzo *Il sogno di una cosa* con i primi due? Stilisticamente e linguisticamente non abbiamo gli stessi problemi sul livello personale e culturale abbiamo lo stesso interesse da parte dello scrittore. L'amore per la spontaneità dei contadini friulani, la loro vitalità, la loro freschezza è strettamente legata allo stesso amore che Pasolini prova per il sottoproletariato delle borgate. Nelle sue linee maestre, l'impegno civile e letterario di Pasolini si è formato nel Friuli. Il suo impegno continuò a crescere e svilupparsi fino a raggiungere altre dimensioni a contatto con le borgate.

> Era un mondo degradato e atroce, ma conservava un suo codice di vita e di lingua al quale nulla si è sostituito. Oggi i ragazzi delle borgate vanno in moto e guardano la televisione, ma non sanno piú parlare, sogghignano appena. È il problema di tutto il mondo contadino...[10]

Queste furono le parole di Pasolini rilasciate in un'intervista nel 1975, pochi mesi prima di essere ucciso, si vede chiaramente il legame tra i due mondi sebbene fossero diversi in altri aspetti. Il mondo friulano era il mondo della giovinezza perduta. Le borgate sono il mondo della maturità degradata e feroce.

Pier Paolo Pasolini come scrittore e critico molto spesso è stato offuscato da Pasolini uomo e omosessuale. Un rapido sguardo alle sue sventure giudiziarie possono rendere l'idea. Pasolini ha avuto ben piú di 326 rapporti con l'amministrazione giudiziaria italiana dal 1947 fino a dopo la morte con il processo a Pelosi (il ragazzo che l'uccise) e il processo al film Salò conclusosi con la disseguestrazioe da parte del procuratore della repubblica di Milano (18. 6. 77). Pasolini è stato denunciato, querelato, processato, incarcerato e diffamato da molti in Italia. Le denunce contro i suoi libri, articoli e film sono arrivati da tutte le parti d'Italia, nord-centro-sud che si facevano parte civile contro di lui. È stato denunciato per corruzione, per contenuto pornografico, per turpiloquio, per furto, per atteggiamento sospetto, per diffamazione a mezzo di stampa, per istigazioni a delinquere e apologia di reato, per pubblicazioni oscene e anche per strage di pecore durante la lavorazione di *Porcile*. Si potrebbe parlare di vera e propria persecuzione e lubrica insinuazione permanente. Bisogna aggiungere che Pasolini fu sempre trovato innocente, ma la sua figura si arricchiva di notizie di irregolarità sessuale, di omofilia il che fece sempre aumentare l'avversione moralista del pubblico italiano sempre pronto alla notizia facile e alle pettegolezze.

La stampa italiana, soprattutto quella di destra, inizia verso gli anni '60 una vera campagna diffamatoria contro Pasolini. Egli non sarà quasi piú chiamato per nome, ma autore di *Ragazzi di vita,* poeta delle parolacce, diverso, personaggio ambiguo, ragazzo di vita, l'emarginato, il viziato e il corruttore. Voglio citare quello che mi sembra il piú rappresentativo degli articoli della campagna contro Pasolini, articolo scritto da Gianna Preda intitolato *Il cu..batte a sinistra:*

> A proposito, avete notato il rilancio che hanno riservato i giornali marxisti negli ultimi tempi a Pier Paolo Pasolini, quel ragazzo di penna che trascorre i suoi giorni facili, benchè complicati da battute di caccia ai ragazzi di vita ed ai ragazzini che di vita ancora non sono, fra le piú diverse faccende. In questo

periodo si può dire che Pasolini sia diviso fra quelle cacce e la battaglia antifascista...Mette conto, dico io, insinuare nel cuore del Pasolini il dubbio che la resistenza e l'antifascismo non si servono con il bassoschiena?[11]

Come rispondeva Pasolini a questi attacchi portati dai giornali di destra e sinistra, alla sua persona e alla sua omosessualità? Egli cercava di capire l'origine della sessuofobia dominante.

> ...Ma la cosa si spiega benissimo: alle origini della scelta marxista di un borghese (e borghesi di origine sono, naturalmente, anche parte dei dirigenti comunisti) c'è un irrazionale impeto morale. E questa moralità, spesso indignata - sacrosanta indignazione - informa di se tutto il successivo comportamento. Il problema sessuale - cui lei accenna - non è, evidentemente, un problema morale; ma poichè la piccola borghesia cattolica è abituata, ipocritamente, a considerarlo tale, tale lo considera anche il dirigente medio comunista, come, direi, per inerzia. Infatti, la questione non è mai stata impostata a chiare lettere: dato che si tratta di una questione secondaria. Ci sono questioni piú importanti da affrontare e risolvere. Ciò nonostante un'operazione irrazionalista, da parte dei marxisti, sarebbe auspicabile: essi, infatti, identificando l'irrazionalità del decadentismo, la ignorano. Ma l'irrazionalità (in cui si scrive il problema sessuale) è una categoria dello animo umano: ed è quindi un problema sempre attuale e urgente.[12]

Il 21 giugno 1962, *La Stampa internazionale medica* distribuisce una relazione su Pasolini compilata dal professore Also Semerari, professore di psichiatria dell'Università di Roma. La documentazione è troppo lunga per riportarla ma si può riassumere così. Pasolini viene definito un caso patologico, sotto processo morboso in evoluzione che finirà con l'essere pazzo. Pasolini è coprolatico, e uno psicopatico dell'istinto, è un anomalo sessuale, un omofilo, è un omosessuale esibizionista e skeptofilo, soggetto di istinti di insicurezza causati da infermità di mente. Il professore conclude la documentazione, definendola da non pubblicare, così non può essere denunziato per calunnia. Perché viene pubblicata? Qui bisogna aggiungere che lo stesso professore Semerari é stato trovato ucciso con la testa mozzata e deposta sul sedile di un'automobile. Un'esecuzione riservata a chi tradisce. Also Semerari vendeva perizie psichiatriche agli avvocati difensori della camorra napoletana per essere utilizzate per provare l'infermità di mente dei criminali mafiosi. Semerari è stato il perito psichiatrico di Cutolo, trovato infermo di mente dopo aver massacrato o fatto massacrare una trentina di persone.

Non è facile parlare di Pasolini come un uomo ma come artista possiamo chiudere questa ricerca citando le sue stesse parole:

> In realtà a un artista va lasciato il diritto dell'errore almeno in quanto contraddizione o ipotesi precoce o ritardata. Egli non deve tacere nulla, perché in un artista il peccato piú grande è l'omissione - essendo la sua funzione l'esprimere, e dunque l'esprimere tutto. Certi superamenti o dibattiti interni con la propria natura, con la propria educazione, con le possibili alternative di compromesso, ecc.... che un politico compie tacitamente, un poeta ha il compito di esprimerli pubblicamente. Ogni artista si adempie secondo un complicato e fitto reticolato di proiezioni che partono dal momento storico che lo determina e che egli conosce ed esprime: quando questo momento storico è zero, l'artista impazzisce: e in uno stato di confusione, o di pseudo-sicurezza su valori ormai superati. E dopo aver vissuto questa situazione impossibile, e dopo aver capito - non partendo da zero ma dalla sommità delle esperienze culturali e stanche vissute anche a rovescio, come delusione - di cosa realmente si tratta, che può cominciare una terza fase storica dell'impegno.[13]

Questa terza fase era appena incominciata, come opposizione alla lingua dell'"homo technologicus" per ricuperare l'espressività artistica e come opposizione all'omologazione tecnica del neocapitalismo, ma è stata interrotta la notte fra il 2 e 3 novembre del 1975 all'Idroscalo di Ostia vicino a Roma, da uno o piú ragazzi in un episodio che ancora rimane poco chiaro. Comunque non fu un ragazzo di vita come dissero tutti i giornali italiani che riportavano l'accaduto, ma uno di quei giovani che si sono formati in questo periodo di falso permissivismo e falsa tolleranza e che ora stanno pagando la falsità e il cinismo del nuovo potere democratico che ha distrutto tutto nel modo piú atroce.

L'unica testimonianza dell'accaduto viene da una donna che aveva sentito gridare: "Mamma, mamma mia, mi stanno uccidendo!"

## Note al capitolo I

1. Petronio, Giuseppe. "Del neorealismo e di varie altre cose", *Problemi, n. 21, 1970, pp. 885-886.*

2. Longobardi, Fulvio. *Alberto Moravia.* (Firenze: Nuova Italia, 1967), p. 2.

3. Vittorini, Elio. *Conversazione in Sicilia.* (Torino: Einaudi, 1966), p. 64.

4. Vittorini, Elio. *Conversazione in Sicilia.* p. 240.

5. Gramsci, Antonio. *Gli Intellettuali e l'organizzazione della Cultura.* (Torino: Einaudi, 1966), p. 64.

6. Pintor, Giaime. *In sangue d'Europa.* (Torino: Einaudi, 1966), pp. 186-187.

7. Vittorini, Elio. *Americana.* (Milano: Bompiani, 1968), pp. 963-964.

8. Salinari, Carlo. *La questione del Realismo.* (Firenze: Parenti, 1960), pp. 40-41.

9. Calvino, Italo. *Il sentiero dei nidi di ragno.* (Torino: Einaudi, 1974), p. 14.

10. Vittorini, Elio. *Politecnico.* (Torino: Einaudi, 1964), pp. 33-34.

11. Cassola, Carlo. "Ideologia o Poesia?" *Comunità,* n.60, maggio-giugno 1958.

12. Pasolini, Pier Paolo. *La religione del mio tempo.* (Milano: Garzanti, 1960), p. 145-147.

13. Calvino, Italo. *Il sentiero dei nidi di ragno.* p. 14.

14. Gallo, Nando. "La narrativa italiana del dopoguerra". *Società, VI, n. 2, 1950, pp. 324-25.*

15. Bo, Carlo. *Inchiesta sul Neorealismo.* (Torino: ERI, 1951), p. 8.

16. Calvino, Italo. *Il sentiero dei nidi di ragno,* pp. 21-22.

17. Sanguineti, Edoardo. "Una polemica in prosa", *Officina,* 11 novembre 1957, pp. 9-10.

## Note al capitolo II

1. I temi appena trattati in questo capitolo possono essere approfonditi seguendo varie direzioni.

   Migliorini, Bruno. *Storia della lingua italiana.* Firenze: Sansoni, 1978).
   Migliorini, Bruno. *Breve storia della lingua italiana.*(Firenze: Sansoni, 1965).
   De Mauro, Tullio. *Storia linguistica dell'Italia unita.* (Bari: Laterza, 1976).
   De Mauro, Tullio. *Scuola e linguaggio.* (Roma: Editori Riuniti, 1979).
   Pellegrini, Giovanni Battista. *Carta dei dialetti d'Italia.* (Pisa: Pacini, 1977).
   Vitale, Maurizio. *La questione della lingua.* (Palermo: Pelumbo, 1960).
   Ascoli, Graziadio Isaia. *Scritti sulla lingua.* (Torino: Einaudi, 1975).

2. Ragusa, Olga. "Gadda, Pasolini and Experimentalism: Form or Ideology?" in *From Verismo to Experimentalism,* Edited by Sergio Pacifici, (Bloomington: Indiana University Press, 1969), pp. 256-257.

## Note al capitolo III

1. Pasolini, Pier Paolo, "L'enigma di Pio XII," *Nuovi Argomenti*, n. 9-12, luglio-settembre 1968, pp. 14-21.

2. Accrocca, Elio Filippo. "Dieci domande a Pasolini", *La Fiera Letteraria*, 30 giugno 1957, p. 1.

3. Pasolini: Cronaca giudiziaria, persecuzione, morte, a cura di Laura Betti, (Milano: Garzanti, 1978) pp. 31-32.

4. Pasolini: Cronaca giudiziaria, persecuzione, morte. Op. cit., pp. 44-45.

5. Pasolini, Pier Paolo. *Le ceneri di Gramsci*. (Milano: Garzanti, 1957), p. 98.

6. *Pasolini: Cronaca giudiziaria, persecuzione, morte*. Op. cit., pp. 48-50.

7. *Pasolini: Cronaca giudiziaria, persecuzione, morte*. Op. cit., p. 55.

8. Asor Rosa, Alberto. *Scrittori e Popolo*. (Roma: Samonà-Savelli, 1965), p. 433.

9. Pasolini, Pier Paolo. Nove domande sul romanzo", *Nuovi Argomenti*, n. 38-39, maggio-agosto 1959, p. 45.

10. Pasolini, Pier Paolo. *Ragazzi di vita*. (Milano: Garzanti, 1955), p. 1. Tutte le citazioni che seguiranno saranno prese da questa edizione.

11. Mazocchi Alemanni, Muzio. "Pier Paolo Pasolini e il linguaggio narrativo", *Il Ponte*, n. 12, gennaio 1956, p. 78.

12. Pasolini, Pier Paolo. *La religione del mio tempo*. (Milano: Garzanti, 1963), p. 159.

## Note al capitolo IV

1. Pasolini, Pier Paolo. *Le ceneri di Gramsci.* (Milano: Garzanti, 1957), pp. 121-122.

2. Pasolini, Pier Paolo. "La posizione", *Officina*, n. 6, p. 131.

3. Pasolini, Pier Paolo. *L'usignolo della Chiesa cattolica.* (Milano: Longanesi, 1958), p. 146.

4. *Le ceneri di Gramsci*, Op. cit., p. 77.

5. Pasolini, Pier Paolo. "Otto domande sulla critica letteraria", *Nuovi Argomenti*, maggio-agosto 1960, p. 48.

6. Pasolini, Pier Paolo. *Alí dagli occhi azzurri.* (Milano: Garzanti, 1965), p. 137.

7. Pasolini, Pier Paolo. *Una vita violenta.* (Milano: Garzanti, 1959), p. 42.
   Tutte le citazioni che seguiranno saranno prese da questa edizione e saranno incorporate nel testo.

8. *Alí dagli occhi azzurri.* Op. cit., p. 83.

9. *Le ceneri di Gramsci.* Op. cit., p. 84.

10. Pasolini, Op. cit., p. 77.

11. Pasolini, Op. cit., p. 77.

12. "Otto domande sulla critica letteraria", Op. cit., p. 48.

13. De Monticelli, Renato. "Intervista con P.P.P.". Il Giorno, 16 dicembre 1958, p. 4.

## Note al capitolo V

1. Pasolini, Pier Paolo. *Empirismo eretico.* (Milano: Garzanti, 1972), p. 67.

2. Pasolini, Pier Paolo. "Un mio sogno", *La Libertà di Udine,* 7 settembre 1946, p. 3.

3. Pasolini, Pier Paolo. *La meglio gioventù.* (Firenze: Sansoni, 1954), p. 15.

4. Pasolini, Op. cit., p. 15.

5. *Pasolini: Cronaca giudiziaria, persecuzione, morte,* a cura di Laura Betti (Milano: Garzanti, 1977), p. 36.

6. Pasolini, Pier Paolo. *La religione del mio tempo.* (Milano: Garzanti, 1963), pp. 60-61.

7. Pasolini, Pier Paolo. *Il sogno di una cosa.* (Milano: Garzanti, 1962), p. 1.
   Riferimenti a citazioni successive saranno incorporati nel testo.

8. Siciliano, Enzo. *Vita di Pasolini.* (Milano: Rizzoli, 1981), p. 172.

9. Pasolini, Pier Paolo. *Passione e ideologia.* (Milano: Garzanti, 1977), p. 30.


## Note al capitolo VI

1. Pasolini, Pier Paolo. *Passione e ideologia.* (Milano: Garzanti, 1960), p. 310.

2. Pasolini. Op. cit., pp. 482-483.

3. Pasolini. Op. cit., p. 330.

4. Pasolini, Pier Paolo. *Empirismo eretico.* (Milano: Garzanti, 1981), p. 92.

5. Pasolini, Pier Paolo. *La religione del mio tempo.* (Milano: Garzanti, 1961), p. 159.

6. Gruppi, Luigi. *Togliatti e la via italiana al socialismo.* (Roma: Riuniti, 1974), pp. 201-204.

7. Carocci, Giampiero. *Storia d'Italia dall'Unità ad oggi.* (Milano: Feltrinelli, 1976), pp. 337-364.

8. Pasolini. *La religione del mio tempo.* p. 179.

9. Pasolini. *Empirismo eretico.* pp. 89-90.

10. Pasolini, Pier Paolo. "Intervista a Pasolini", *La Stampa*, 1° gennaio 1975, p. 5.

11. Preda, Gianna. "Il cu.. batte a sinistra", *Il Borghese*, 21 luglio 1960, p. 5.

12. Pasolini, Pier Paolo. *Le Belle Bandiere.* (Roma: Riuniti, 1977), pp. 51-52.

13. *Pasolini: Cronaca giudiziaria, persecuzione, morte,* a cura di Laura Betti, (Milano: Garzanti, 1977), p. 330.

# BIBLIOGRAFIA

Accrocca, Elio Filippo. *Ritratti su misura*. Venezia: Sodalizio del libro, 1960, pp. 320-321.

_____."Dieci domande a Pier Paolo Pasolini", *La Fiera Letteraria,* 30 giugno 1957, pp. 1-2.

Addamo, Sebastiano. "Il ritardo e la diversità: Lettera a Pier Paolo Pasolini", *Nuovi Argomenti* 23-24, 1971, pp. 37-43.

Amo, Alvaro. "Pasolini", *Cuaderno para el Dialogo,* n. 3, Madrid, novembre 1975, p. 56.

Anzoino, Tommaso. *Pasolini.* Firenze: La Nuova Italia, 1971.

Asor, Rosa, Alberto. *Scrittori e Popolo*. Roma: Samona e Savelli, 1964, pp. 433-554.

_____."Le viscere della classe", *Il Contemporaneo,* n. 4, febbraio 1961, pp. 80-85.

_____."La stanchezza di Pasolini", *Mondo Nuovo,* n. 3, (nuova serie), luglio 1971, p. 31.

_____."Una vita violenta", *Avanti, n. 3, ottobre 1959, p. 3.*

_____."Processo a Pasolini", *Avanti,* n. 3, ottobre 1959, p. 13.

Baldacci, Luigi. "Una vita violenta", *Il Giornale del mattino,* 18 luglio 1959, p. 3.

_____."Inchiesta sulle nuove tecniche narrative", *Il Verri,* n. 4, febbraio 1960, pp. 66-67.

Banti, Anna. "Pasolini", *Paragone-Letteratura,* 6 giugno 1955, pp. 90-91.

Barberi-Squarotti, Giorgio. *La Narrativa italiana del dopoguerra.* Bologna: Cappelli, 1965, pp. 194-198.

──────────.*Poesia e narrativa del secondo Novecento.* Milano: Mursia, 1961. pp. 34-36, 133-148, 162-166, 195-196, 327-331, 334-335.

Barilli, Renato. "Ancora sul naturalismo di Pasolini", *Il Mulino* IX, IV, pp. 163-169.

──────────.*La barriera del naturalismo.* Milano: Mursia, 1964, pp. 175-178, 223-233, 235-238.

Bartolini, Luigi. "Lettera a Pasolini", *Osservatore Politico Letterario* VI, VIII, pp. 83-88.

Bellezza, Dario. "Contributi pasoliniani", *Nuovi Argomenti,* 51-52, 1976, pp. 331-338.

Bevan, David. "Pasolini e Boccaccio", *Literature/Film Quarterly,* n. 5, 1976, pp. 23-29.

Bini, Luigi. "Pasolini nella 'vacanza' della Trilogia della vita", *Letture,* n. 32, 1974, pp. 249-260.

──────────."Pier Paolo Pasolini verso 'l'inaccettabile degenerazione'", *Letture, m. 32, 1974, pp. 249-260.*

Bo, Carlo. *Nuovi Studi.* Firenze: Vallecchi, 1946.

──────────.*Inchiesta sul Neorealismo.* Torino ERI, 1951.

──────────.*Riflessioni critiche.* Firenze: Sansoni, 1953.

──────────."Romanzo e società nell'Italia degli ultimi dieci anni", *Paragone-Letteratura, n. 8, marzo 1957, pp. 3-23.*

──────────."La voce di Pasolini", *Nuova Antologia,* n. 525, 1975, pp. 305-307.

_____."Poesia nel Fiume della miseria umana", *Corriere della Sera,* 3 novembre 1975, p. 3.

_____."Il romanzo dei ragazzi disperati delle borgate", *L'Europeo* n. 11, 16 giugno 1959, pp. 49-50.

_____."Il disperato sottomondo di due scrittori di vita", *L'Europeo* n. 15, 14 giugno 1959, pp. 49-50.

_____."Il 'fango' di Pasolini", *La Stampa,* 9 luglio 1959, p. 3.

Bocelli, Arnaldo. "Il fenomeno Pasolini", *Il Mondo* n. 7, 11 ottobre 1955, p. 47.

_____."Le ceneri di Gramsci", *Il Mondo* n. 9, 24 settembre 1957, p. 8.

Borghello, Giampaolo. "Ipotesi su *Alì* dagli occhi azzurri di Pasolini", *Problemi* 41, 1974, pp. 313-331.

_____.*Interpretazione di Pasolini.* Roma: Savelli, 1977.

Borgna, Gianni. "Pasolini intellettuale organico", *Nuovi Argomenti,* n. 49, 1976, pp. 52-64.

Breton, Emile. "Pasolini, Sade et les communistes", *La Nouvelle Critique. Revue du Marxisme Militant,* n. 94, 1976, p. 21.

Brevini, Franco. "La lingua che piú non si sa: Pasolini e il friulano", *Belfagor,* n. 34, 1979, pp. 397-409.

Bria, Camillo. *Pier Paolo Pasolini.* (Invito alla Ricerca Letteraria), Bresso: Cetim, 1974.

Cadoresi, Domenico. "Per una lettura critica dell'opera di Pasolini", *La Situazione,* marzo 1958.

_____."Sulla poesia di Pier Paolo Pasolini", *La Situazione,,* 1° febbraio 1958, pp. 3-15.

Cajumi, Arrigo. "Storie di ladri", *La Stampa,* n. 11, 2 luglio 1955, p. 3.

Calvino, Italo. "Le ceneri di Gramsci", *Il Contemporaneo,* n. 3, 30 giugno 1956, p. 8.

Camilucci, Marcello. "Verità e pietà: *Una vita violenta",* Humanitas, n. 15, 1960, pp. 45-51.

Camon, Ferdinando. "Pasolini perduto", *Approdo,* n. 58, 1972, pp. 92-98.

Campoy, Manuel. "Pasolini: El director es la estrella", *Numismatica i Epigrafica,* n. 8, 1979, pp. 58-62.

Caproni, Giorgio. "L'officina di Pasolini", *Il Punto,* n. 7, 17 febbraio 1962.

_____."Le ceneri di Gramsci", *La Fiera Letteraria,*n. 12, 21 luglio 1957, pp. 1-2.

_____."Pasolini", *Paragone-Letteratura,* n. 6, febbraio 1955, pp. 83-85.

_____."Pasolini", *Paragone-Letteratura,* n. 6, novembre 1955, pp. 80-81.

Cattaneo, Giulio. "Pasolini scrittore", *Paragone-Letteratura,*, n. 225, 1968, pp. 143-145.

Cecchi, Emilio. "Romanzi e novelle", *Corriere della Sera* 28 giugno 1955, p. 5.

Chiesa, Alberto. "Un nuovo romanzo di Pier Paolo Pasolini: Una vita violenta," *Paese Sera,* 25 maggio 1959, p. 7.

Cimatti, Pietro. "Ideologia Passionale", *La Fiera Letteraria,* n. 15, 4 dicembre 1960, p. 3.

Citati, Pietro. "La religione del mio tempo", *Il Giorno,* 13 giugno 1961, p. 3.

de la Colina, Jose. "In Memoria: Pier Paolo Pasolini", La Palabra y el Hombre: Revista de la Universidad Veracruzana, 17, 1977, pp. 3-5.

Contini, Gianfranco. "Poesia a Casarsa", *Corriere del Ticino*, 23 aprile 1943, p. 3.

Constanzo, Mario. "Pasolini, filologo e poeta", *Letture*, n. 6, giugno 1958, pp. 54-71.

Cucchi, Maurizio. "Stagione della poesia di Pasolini", *Nuovi Argomenti*, n. 49, pp. 70-73.

Curi, Fausto. "Sulla poetica e sulla critica di Pasolini", *Il Verri*, n. 5, dicembre 1961, pp. 83-98.

Custatelli, Giorgio. "Un narratore neorealista", *Palatina*, n. 3, aprile-giugno 1959, pp. 73-80.

Dadoun, Roger. "Un Homme d'attaque", *Quaderni Letterari*, n. 314, 1979, pp. 22-24.

Dallamano, Piero. "Ragazzi in romanesco", *Paese Sera*, n. 10, 11 giugno 1955, p. 3.

_____."Una vita violenta", *Paese Sera*, 8 agosto 1959, p. 3.

Dal Sasso, Rino. "Popolo romano e società nell'ultimo Pasolini", *Il Contemporaneo*, n. 14-15, giugno 1959, pp. 30-45.

David, Michel. *La psicoanalisi nella cultura italiana.* Torino: Boringhieri, 1966, pp. 556-560.

Della Terza, Dante. "Mimetica di Pier Paolo Pasolini", *Italica*, dicembre 1961, pp. 306-313.

_____."The Neorealistics and the Form of the Novel", *Italian Quarterly*, III, 1959, pp. 29-41.

De Poli, Francesco. "L'equivoco Pasolini", *Presenza,* luglio-dicembre 1959, p. 17.

De Robertis, Giuseppe. "Poesia nuova di Pasolini", *Altro Novecento,* Firenze: Le Monnier, 1962, pp. 553-561.

De Rosa, Giuseppe. "Pier Paolo Pasolini poeta mancato", *La Civilt*à Cattolica, n. 112, 22 ottobre 1961, pp. 170-173.

De Santi, Gualtiero. *Perch*é Pasolini. Ideologia e stile di un intellettuale militante. Firenze: Guaraldi, 1978.

Devoto, Giacomo. "Intervento sulla narrativa", *Il Verri,* n. 4, 1960, pp. 93-95.

Falqui, Enrico. *Ricerche di Stile.* Firenze: Le Monnier, 1939.

───────────.*Prosatori e narratori del Novecento italiano.* Torino: Einaudi, 1950.

───────────.*Novecento letterario.* Firenze: Vallecchi, 1961.

───────────."Romanzo nei pasticci", *La Fiera Letteraria,* n. 12, 20 ottobre 1957, pp. 1-2.

───────────."Aspetti di narrativa odierna", *La Fiera Letteraria,* n. 34, 1958, p. 4.

Fantuzzi, Virgilio. "Pasolini: La scelta impossibile", *Stadium,* n. 73, 1977, pp. 363-376.

Fernandez, Dominique. *Le roman italien et la crise de la conscience moderne.* Paris: Bernard Granet, 1958.

Ferretti, Giancarlo. *Ideologia e Letteratura.* Roma: Editori Riuniti, 1964, pp. 163-356.

───────────.*Letteratura del rifiuto.* Milano: Mursia, 1968, pp. 24-25, 27-28, 34-39.

_____.*Le belle bandiere: Dialoghi 1960-65*. Roma; Riuniti, 1977.

_____."Retroguardia o realismo", L'Unità, 29 marzo 1961, p. 3.

_____.*Pasolini. L'universo orrendo*. Roma: Riuniti, 1976.

Forni Mizzau, Marina. *Tecniche narrative e romanzo contemporaneo*. Milano: Mursia, 1965.

Forti, Marco. "Narrativa e romanzo: argomenti per un decennio", *Itinerari*, n. 27-28, 1957, pp. 259-284.

_____."Pasolini nel mare dell'ideologia", *Situazione*, n. 21-22, 1961, pp. 21-29.

_____."Pasolini in dialetto e lingua", *Le proposte della poesia*. Milano: Mursia, 1963, pp. 21-26, 31-35.

Fortini, Franco. "Le poesie di questi anni", *Il Menabò*, n. 20, 1960, pp. 130-139.

_____."Tre narratori", *Comunità*, 9 giugno 1955, p. 54.

_____.*I poeti del Novecento*. Roma: Laterza, 1977, p. 179-189.

Frattini, Alberto. "La religione del mio tempo", *Humanitas*, n. 17, marzo 1962.

Friedrich, Pia. *Pier Paolo Pasolini*. Boston: Twayne Publishers, 1982.

Gallo, Nando. "L'ultima narrativa italiana", *Società*, n. 3, 1953, pp. 399-410.

_____."La narrativa italiana del dopoguerra", *Società*, n. 6, 1950, pp. 324-341.

Gramigna, Giuliano. "Inchiesta sulle nuove tecniche narrative", *Il Verri,* 4 febbraio 1960, pp. 74-76.

———."Ragazzi di vita", *Il Corriere d'informazione,* 15 giugno 1955, p. 3.

———."Passione e ideologica", *Settimo Giorno,* n. 13, 16 ottobre 1960, p. 48.

Gramsci, Antonio. *Letteratura e vita nazionale.* Torino: Einaudi, 1954.

Guglielmi, Angelo. "Una vita violenta", *Belfagor,* n. 14, 30 settembre 1959, pp. 625-628.

———."Pasolini maestro di vita", *Il Verri,* n. 3, giugno 1960, pp. 97-102.

Jacqmain, Monique. "Place de Pier Paolo Pasolini dans la literature dialectale italienne", *Revue Belge de Philologie et d'Histoire,* n. 51, 1973, pp. 605-623.

———."Appunti sui glossari di Pasolini", *Linguistica Antverpiensia,* n. 4, 1970, pp. 109-154.

———."Le discours indirect libre comme moyen expressif chez Pasolini", *Linguistica Antverpiensia,* n. 5, 1971, pp. 77-136.

Lanuzza, Stefano. "Le belle bandiere corsare: Per una Thanatografia pasoliniana", *Prospetti,* n. 48, 1977, pp. 34-40.

Lattanzio, Domenico. "Requiem per un poeta: Pier Paolo Pasolini", *Alla Bottega* (Brianza), n. 14, 1976, pp. 1-5.

Lazagna, Carla e Pietro. *Pasolini di fronte al problema religioso.* Bologna: Dehoniane, 1970.

Leonetti, Francesco. "Esame dei contenuti attuali secondo la serie dei poemetti di Pasolini", *Nuova Corrente,* n. 5, ottobre-novembre, 1958, pp. 41-76.

──────────."Pasolini compte rendu", *Narratori neorealisti.* Pisa: Nistri-Lishi, 1957, pp. 87-88.

──────────."Nuovo stile in Pasolini", *Paragone-Letteratura,* n. 124, 1964, pp. 91-94.

Levi, Carlo. "Le parole della rabbia", *La Stampa,* 31 luglio, 1961, p. 3.

Lombardi, Olga. *La giovane narrativa italiana.* Pisa: Nistri-Lishi, 1963, pp. 116-120.

Lukács, Gyrgy. *Saggi sul realismo.* Torino: Einaudi, 1976.

──────────.*Problemi del realismo.* Torino: Einaudi, 1978.

──────────.*Il romanzo storico.* Torino: Einaudi, 1974.

Luti, Giorgio. "Ragazzi di vita", *Itinerari,* ottobre 1955, p. 2.

Magrini, Giacomo. "Pasolini con Baudelaire", *Nuovi Argomenti,* n. 51-52, 1976, pp. 312-321.

Manacorda, Giuliano. "Una vita violenta", *Rinascita,* luglio-agosto, 1959, p. 16.

──────────.*Storia della letteratura italiana (1940-65).* Roma: Riuniti, 1974, pp. 249-264.

Mannino, Vicenzo. *Invito alla lettura di Pier Paolo Pasolini.* Milano: Mursia, 1974.

──────────.*Il "discorso" di Pasolini.* Roma: Editori Argileto, 1973.

Mariani, Gaetano. *La giovane narrativa italiana fra documento e poesia.* Firenze: Le Monnier, 1962, pp. 136-161.

Marotto, Giuseppe. "Polemica con Pasolini", *L'Europeo,* n. 16, 1960, p.50.

Mauro, Walter. "Una vita violenta", *Il Paese,* 3 giugno 1959, p. 3.

Mazocchi Alemanni, Muzio. "Pier Paolo Pasolini e il linguaggio narrativo", *Il Ponte,* n. 12, gennaio 1956, pp. 78-82.

Mazza, Antonia. "Pier Paolo Pasolini o dello scandalo", *Lettere,* n. 28, 1973, pp. 3-18.

Milano, Paolo. "Una vita violenta", *Il lettore di professione,* Milano 1960, p. 145.

Moix, Terence. "Pasolini: Invencion y manierismo", *Destino,* Barcelona, 16 dicembre 1972, p. 15.

Muzzioli, Francesco. *Come leggere Ragazzi di Vita di Pier Paolo Pasolini.* Milano: Mursia, 1975.

O'Neil, Thomas. "Pier Paolo Pasolini: Biciclettone", *Modern Languages* (London) 50, 1963, pp. 11-13.

_____."A problem of character development in Pasolini's Trilogy", *Forum for Modern Language Studies,* 1963, pp. 80-84.

_____."Passione e Ideologia: The critical Essays of Pier Paolo Pasolini within the context of Post-War Italian Criticism", *Forum for Modern Language Studies,* n. 9, 1975, pp. 346-362.

_____."Pier Paolo Pasolini's Dialect Poetry", *Forum Italicum,* n. 9, 1975, pp. 343-367.

Orioli, Giovanni. "Passione e Ideologia", *Nuova Antologia* n. 96, febbraio 1961, pp. 247-249.

Pampaloni, Geno. *Il Novecento.* Milano: Garzanti, 1969, pp. 876-878.

Panaro, Ottavo. "Su Pasolini", *Il Caffè,* n. 11, 1° febbraio 1963, pp. 21-22.

Paolini, Alcide. "Ragazzi di vita", *Situazione,* n. 1, giugno 1955.

Pento, Bartolo. "Pasolini: Denuncia e opposizione", *Letteratura,* n. 30, 1966, XXXII-III, pp. 50-53.

_____."La poesia friulana di Pasolini", *Raguaglio Librario,* n. 43,1976, pp. 46-48.

Petrocchi, Giorgio. "Le speranze dello sperimentalismo", *Lettere Italiane,* n. 11, 1959, pp. 499-503.

Piccioni, Leone. "Ragazzi di vita di Pasolini", *Tradizione letteraria e idee-correnti,* Milano: Mondadori, 1969, p. 185.

_____."Ragazzi di vita violenta", *Palatina,* n. 3, aprile-giugno 1959, pp. 65-73.

Pucci, Piero. "Lingua e dialetto in Pasolini e Gadda", *Società,* n. 2, marzo 1958, pp. 382-398.

Pullini, Giacomo. "Ragazzi di vita", *Belfagor,* n. 10, luglio 1955, p. 502.

_____.*Il romanzo italiano del dopoguerra.* Padova: Marsilio Editore, 1965, pp. 398-407.

Raboni, Giovanni. "Appunti sull'antinovecentismo di Pasolini", *Approdo,* n. 77-78, 1977, pp. 133-136.

Rago, Michele. "Una vita violenta", *L'Unità,* 18 luglio 1959, p. 3.

_____."Per una letteratura della ragione: esame di coscienza del realismo", *Il Contemporaneo,* n. 4 (serie II), 12 ottobre 1957, p. 3.

_____."Difficoltà del realismo," *L'Unità,* 29 ottobre 1960, p. 3.

Richter, Mario. "La solitudine di Pasolini (lettura dell'epigramma alla Francia)", *Paragone-Letteratura,* n. 326, 1977, pp. 48-54.

Rossi, Aldo. "Passione e ideologia di Pasolini", *Paragone-Letteratura,* XI, 1960, n. 132, pp. 31-50.

Sacca, Antonio. "Saggio sulla letteratura italiana attuale", *Nuovi Argomenti,* n. 59-60, 1962-63, pp. 101-196.

Salinari, Carlo. "Ragazzi di vita", *Il Contemporaneo,* n. 3, 9 giugno 1956, p. 2.

_____."Un romanzo aperto sull'avvenire: Una vita violenta", *Vie Nuove,* n. 14, 27 giugno 1959, pp. 36-39.

_____."Diagnosi per Pasolini" (La religione del mio tempo), *Vie Nuove,* n. 16, 23 settembre 1961, pp. 41-42.

_____.*Miti e coscienza del decadentismo italiano.* Milano: Garzanti, 1960.

_____."Letterature moderne. Inchiesta sulla poesia contemporanea", *Il Contemporaneo,* n. 4, 5 gennaio 1957, p. 3.